＼おぼえよう／

バスケットボールのルール

はじめに

　バスケットボールは、選手同士《せんしゅどうし》が狭《せま》い空間《くうかん》で激《はげ》しく競《きそ》い合《あ》うスポーツです。不当《ふとう》な体《からだ》のふれ合《あ》いは基本的《きほんてき》にファウルとなります。しかし、選手《せんしゅ》のみなさんが実際《じっさい》にプレーするときに、ルールをしっかりと理解《りかい》し、ファウルとそうでないプレーの違《ちが》いを把握《はあく》していれば、ゲームをスムーズに進《すす》めていけるでしょう。さらにケガの防止《ぼうし》や、場合《ばあい》によっては有利《ゆうり》にゲームを展開《てんかい》できるかもしれません。

　選手以外《せんしゅいがい》でいえば、ファウルやバイオレーションの判定《はんてい》、タイムアウトや時間《じかん》の管理《かんり》など、素早《すばや》い試合展開《しあいてんかい》のなかでさまざまなことに気《き》を配《くば》り、しっかりとジャッジを下《くだ》す審判《しんぱん》やテーブルオフィシャルズは、ゲームを陰《かげ》で支《ささ》える重要《じゅうよう》な役割《やくわり》です。質《しつ》の高《たか》いジャッジは、バスケットボールの魅力《みりょく》を引《ひ》き出《だ》すといっても過言《かごん》ではありません。

　バスケットボールの指導《しどう》やプレーをしていて疑問《ぎもん》に思《おも》ったことがある人《ひと》は、ぜひ公認審判資《こうにんしんぱんし》格《かく》の取得《しゅとく》を通《とお》して、ルールを理《り》解《かい》する機会《きかい》を持《も》ってみてください。選手時代《せんしゅじだい》には経験《けいけん》できないようなゲームにも審判《しんぱん》として参《さん》加《か》することで、プレーや指導《しどう》とはまた異《こと》なる魅力《みりょく》を発見《はっけん》することになると思《おも》います。

　私《わたし》も大学時代《だいがくじだい》に指導者《しどうしゃ》をめざすうえでルールの理解《りかい》が重要《じゅうよう》と考《かんが》え、審判員《しんぱんいん》の資格取得《しかくしゅとく》をめざしました。そのなかで多《おお》くの方《かた》に指導《しどう》をしていただき、経験《けいけん》を積《つ》むことによって、例《たと》えばNBA《エヌビーエー》選手《せんしゅ》と同《おな》じコートに立《た》つことができました。本書《ほんしょ》をきっかけに、より多《おお》くの方《かた》にバスケットボールのルールの理解《りかい》を深《ふか》めていただければ幸《さいわ》いです。

2024年《ねん》3月《がつ》

平原勇次《ひらはらゆうじ》

\\ この本《ほん》の見《み》かた //

本書《ほんしょ》では、おもに2ページごとに1つのテーマを取《と》り上《あ》げ、
文章《ぶんしょう》、写真《しゃしん》、イラストなどを使《つか》って解説《かいせつ》をおこなっています。

ページの例《れい》

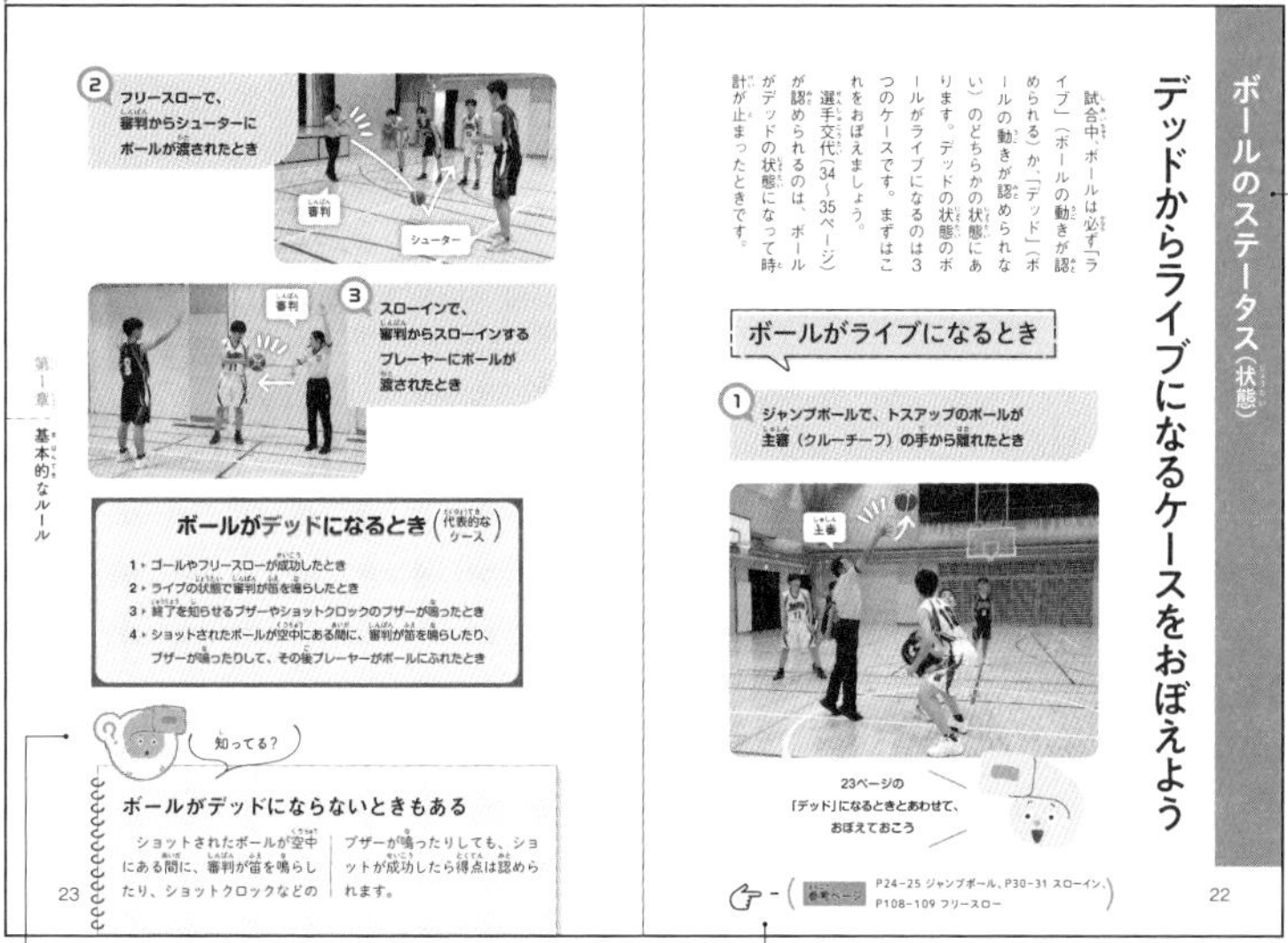

補足事項《ほそくじこう》

テーマの内容《ないよう》を「知《し》ってる？」

「こんなときはどうなる？」

などでさらに紹介《しょうかい》

参考《さんこう》ページ

関連《かんれん》した内容《ないよう》が
掲載《けいさい》されているページ

テーマ

取《と》り上《あ》げるルールや
トピックスなど

ナビゲーター「ホイッスン」

ホイッスルが意思《いし》を持《も》ち、
動《うご》き出《だ》して、ルールについてみんなと一緒《いっしょ》に学《まな》びます。
自分《じぶん》が得《え》た知識《ちしき》でアドバイスもしてくれるよ。

いろいろなところに登場《とうじょう》するよ。
よろしくね！

もくじ

協　力　公益財団法人日本バスケットボール協会
編集協力　三上 太
構　成　大久保 亘
デザイン　藤本麻衣、
黄川田洋志・井上菜奈美（ライトハウス）
編　集　星野有治（ライトハウス）
写　真　阿部卓功、長谷川拓司、Getty Images
イラスト　丸口洋平
キャラクターデザイン　中田茉佑

第《だい》1章《しょう》

基本的《きほんてき》なルール

まずは、バスケットボールをおこなうコートのサイズやラインの名称《めいしょう》を確認《かくにん》しましょう。

コートは長方形《ちょうほうけい》で、センターラインで２つに分《わ》かれている。自分《じぶん》たちが攻《せ》める側《がわ》をフロントコート、守《まも》る側《がわ》をバックコートと呼《よ》ぶ

コートの寸法《すんぽう》

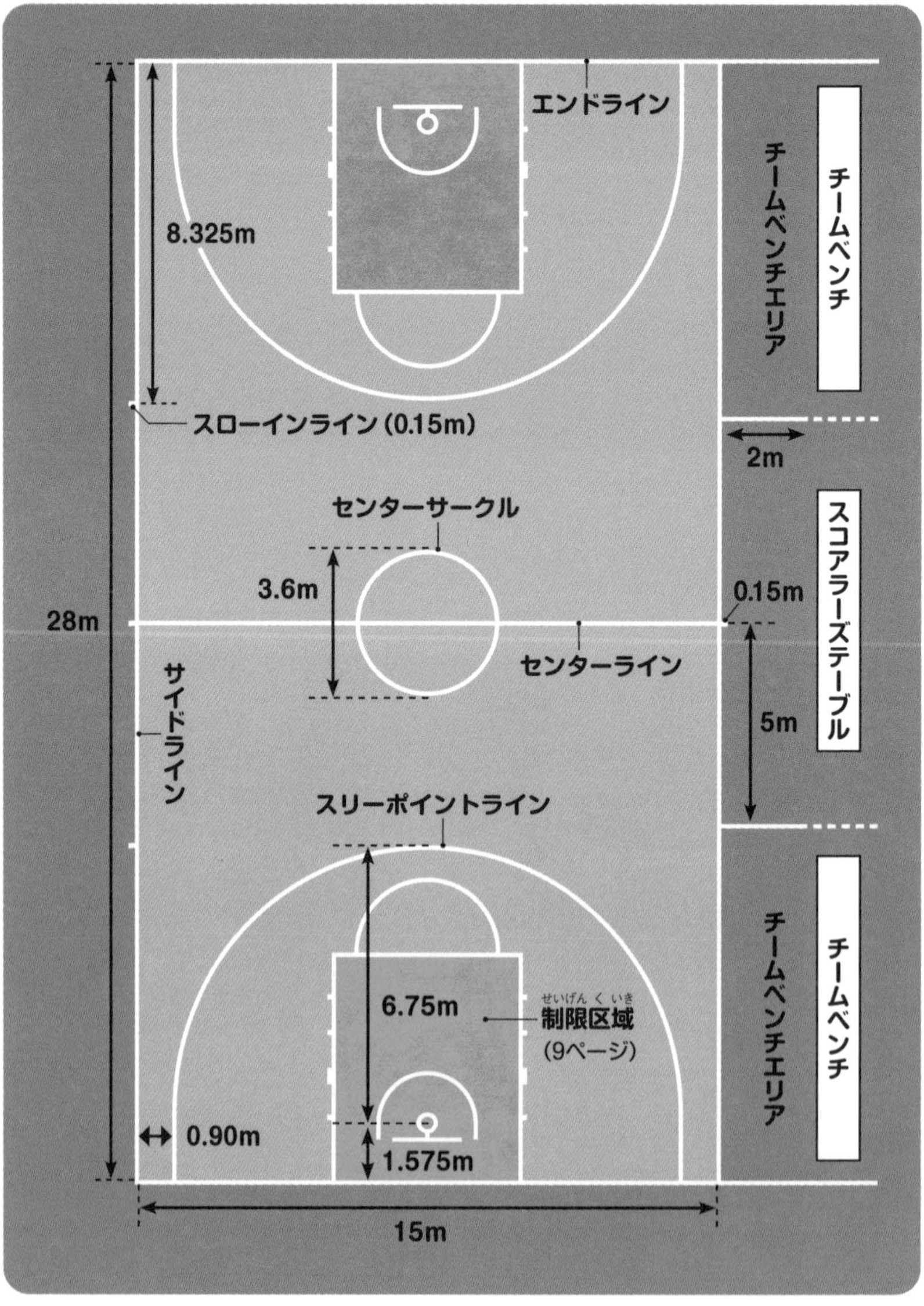

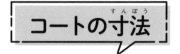

制限区域《せいげんくいき》（リストリクティッドエリア）

ゴール付近《ふきん》の長方形《ちょうほうけい》のエリアが制限区域《せいげんくいき》と呼《よ》ばれている。

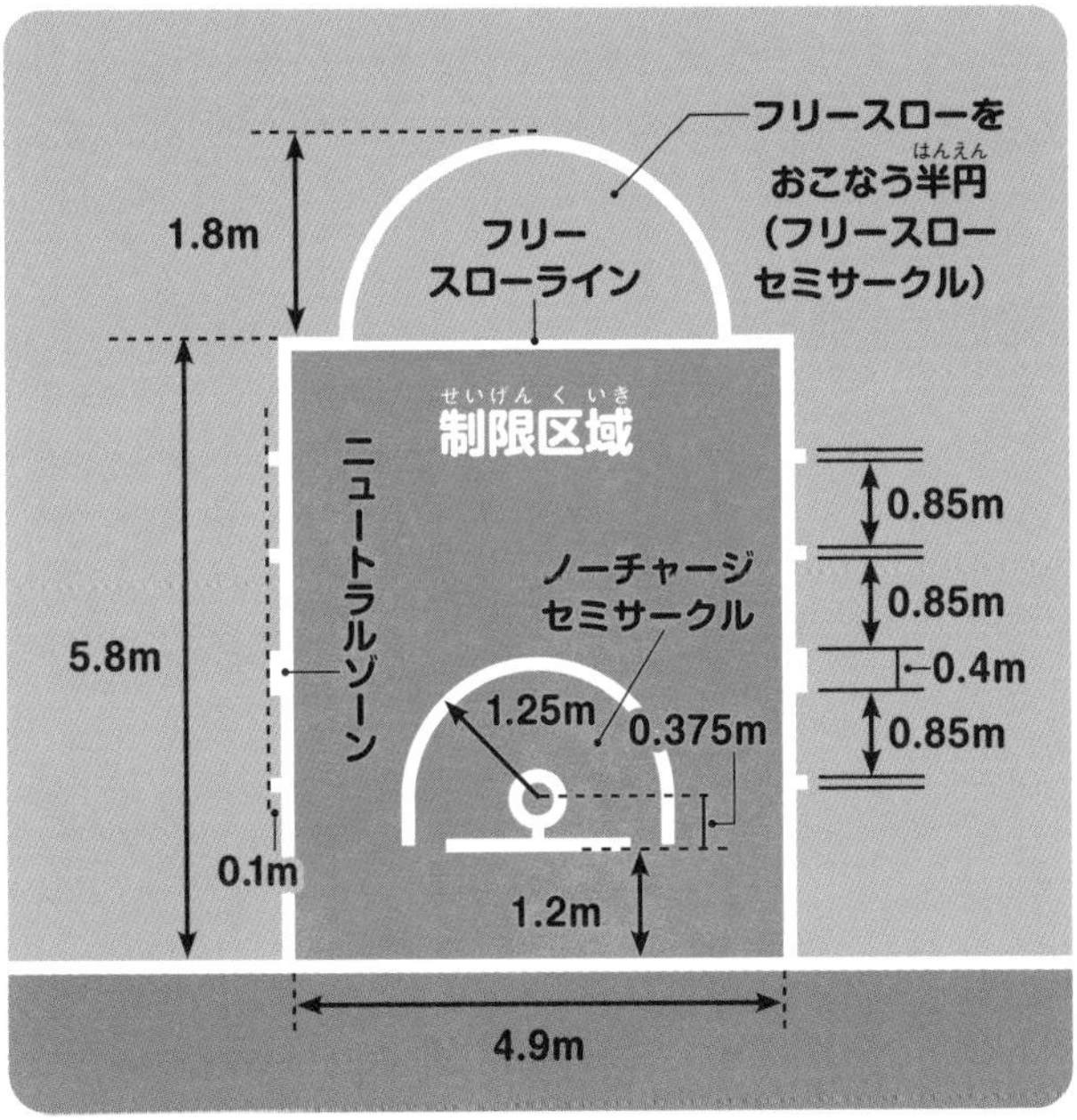

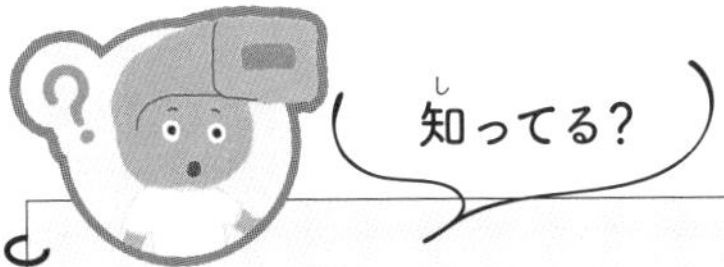

ライン上《じょう》はコートの「外《そと》」

コート上《じょう》にあるラインの幅《はば》は5センチです。コートのサイズは、エンドラインとサイドライン、一方《いっぽう》の内側《うちがわ》からもう一方《いっぽう》の内側《うちがわ》までの距離《きょり》で、これらのライン上《じょう》はコートの「外《そと》」になります。これは「アウトオブバウンズ」（40〜41ページ）のポイントになるので、おぼえておきましょう。

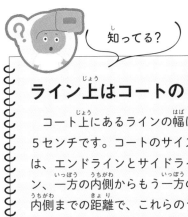

コートの次《つぎ》は、バスケットなどに関《かん》するサイズを紹介《しょうかい》します。
こちらもおぼえておきましょう。

バスケットの高《たか》さ、支《し》柱《ちゅう》のおもなサイズ

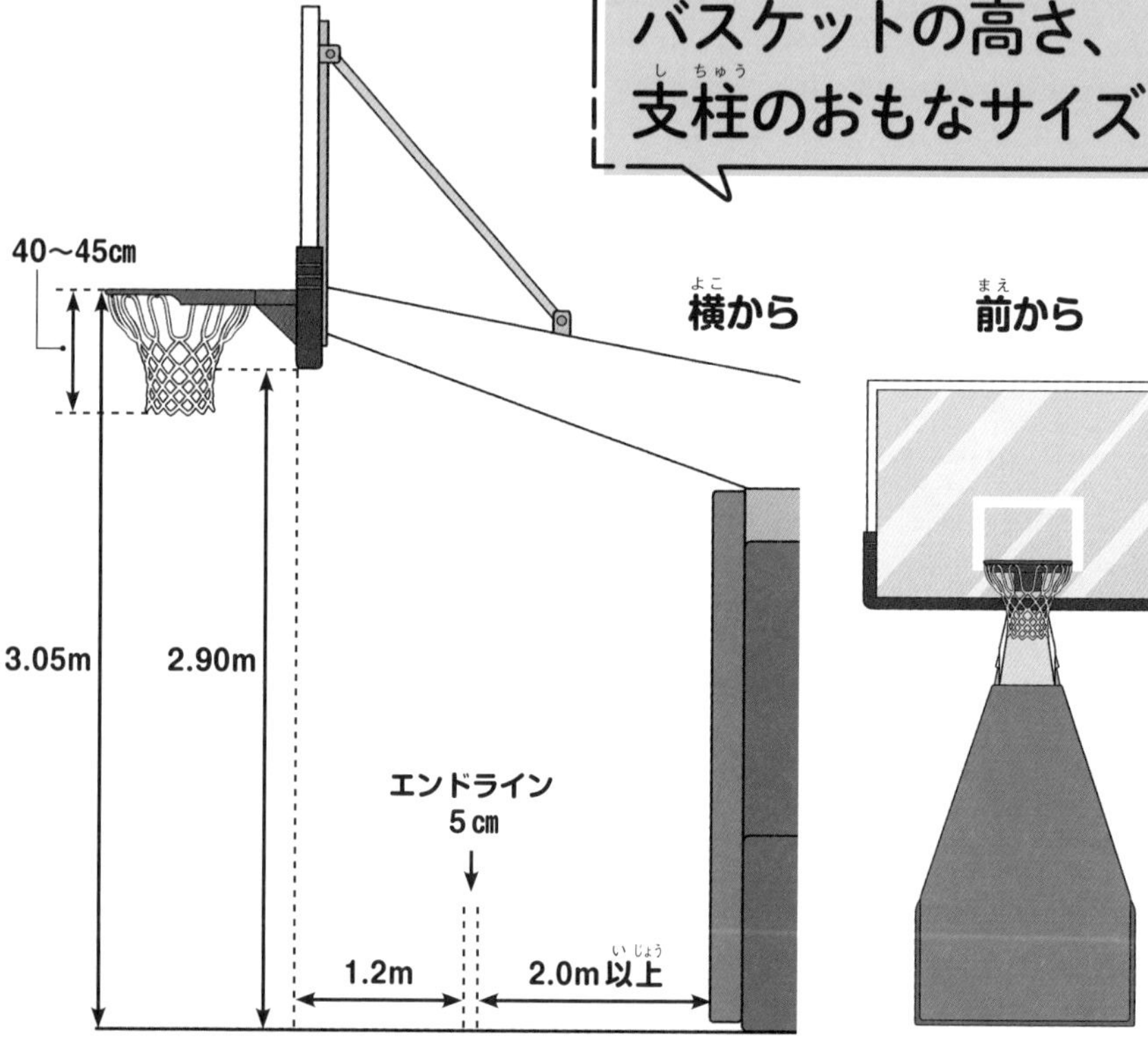

リングまでの高《たか》さは3.05m、ボード下部《かぶ》までの高《たか》さは2.90mと決《き》められている

ミニバスのゴールは低《ひく》い

おもに小学生年代《しょうがくせいねんだい》でおこなわれている「ミニバスケットボール」（以下《いか》、ミニバス）では、床《ゆか》からリング上部《じょうぶ》までの高《たか》さが260センチと低《ひく》く設定《せってい》されています。さらに、コートのサイズも縦《たて》22〜28メートル、横《よこ》12〜15メートルと、通常《つうじょう》よりもせまいコートで実施《じっし》することも可《か》能《のう》になっています。

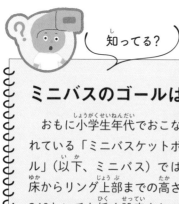

バックボードについて

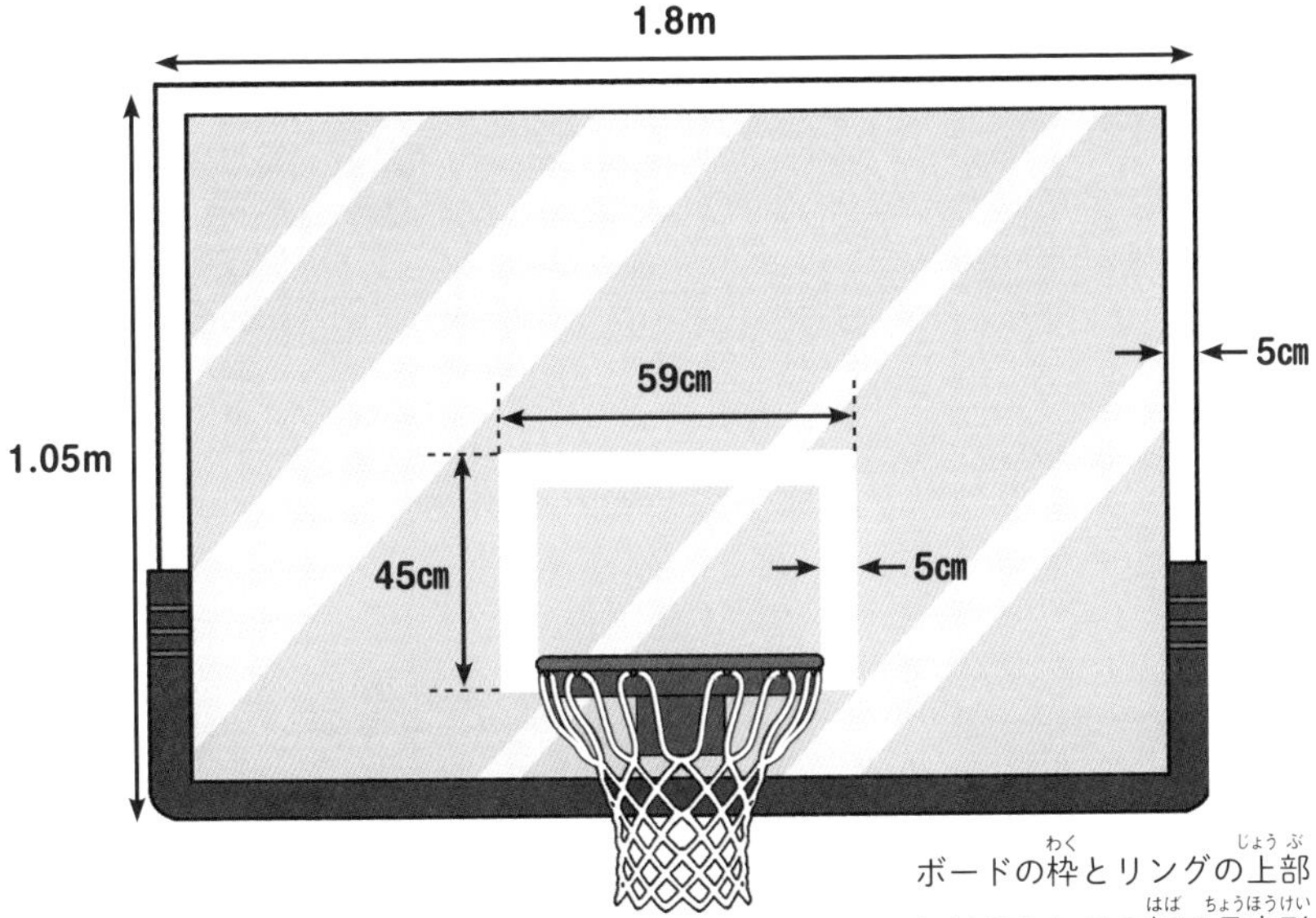

ボードの枠《わく》とリングの上部《じょうぶ》には5センチの幅《はば》で長方形《ちょうほうけい》のラインが引《ひ》かれている

リングについて

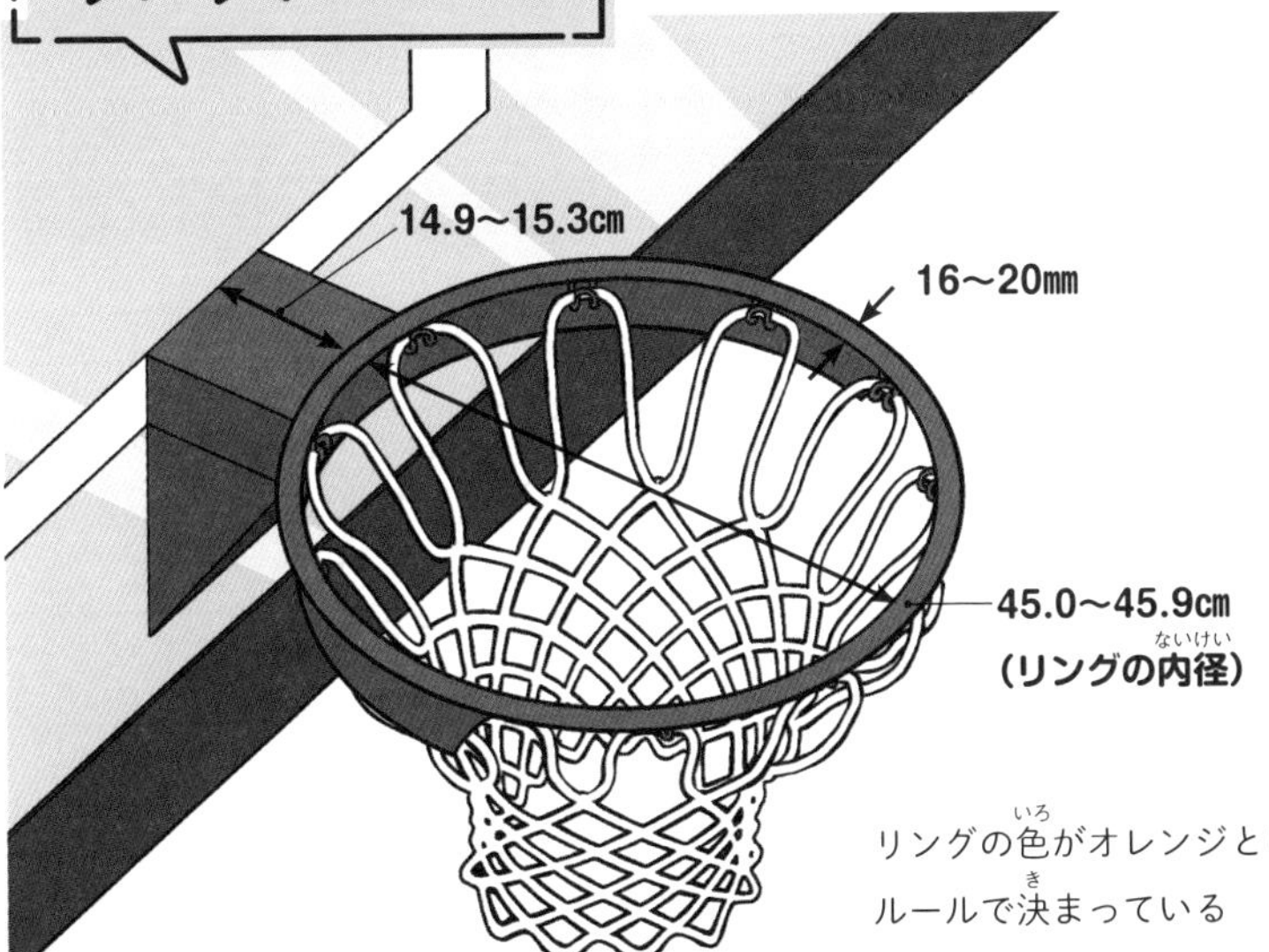

リングの色《いろ》がオレンジというのもルールで決《き》まっている

専用《せんよう》の器具《きぐ》で得点《とくてん》や時間《じかん》を管理《かんり》する

ゲームの残《のこ》り時間《じかん》、両《りょう》チームの得《とく》点《てん》、ショットクロック（24秒《びょう》ルール①②→58～61ページ）などは、選手《せんしゅ》、審判《しんぱん》、観客《かんきゃく》からよく見《み》えるところに置《お》くことになっています。また、スコアやファウルの数《かず》を管理《かんり》するオフィシャルがいるスコアラーズテーブルでは、パーソナルファウル数《すう》、チームファウル数《すう》を掲示《けいじ》します。

おもな器具《きぐ》と計器《けいき》

ゲームクロック

ゲームの残《のこ》り時間《じかん》と両《りょう》チームの得点《とくてん》などを表示《ひょうじ》する。手動《しゅどう》のものもあるが、デジタルタイプが一般的《いっぱんてき》になっている

ショットクロック

ショットまでの残《のこ》り時間《じかん》を表示《ひょうじ》する

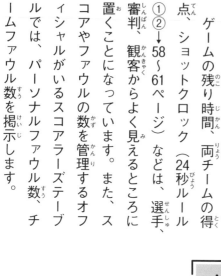

パーソナル（個人《こじん》）ファウル表示盤《ひょうじばん》

選手《せんしゅ》がファウルをおかしたとき、それが何回目《なんかいめ》なのかをオフィシャルが持《も》って掲示《けいじ》する

チームファウル表示盤《ひょうじばん》

両《りょう》チームそれぞれのファウル数《すう》を積《つ》み上《あ》げて掲示《けいじ》する。5回目以降《かいめいこう》のファウルは左《ひだり》にある赤《あか》い筒《つつ》をかぶせる

オルタネイティングポゼッションアロー

オルタネイティングポゼッションルール（26～27ページ）によって、次《つぎ》にスローインが与《あた》えられるチームに矢印《やじるし》を向《む》ける

「アロー」は矢印《やじるし》のことだよ

ボールのサイズと素材《そざい》

ボールのサイズは5号《ごう》、6号《ごう》、7号《ごう》の3種類《しゅるい》（*）があって、性《せい》別《べつ》や年齢《ねんれい》によって使用《しよう》するボールが決《き》まっています。国内《こくない》の公《こう》式戦《しきせん》では、日本《にほん》バスケットボール協会《きょうかい》の検定球《けんていきゅう》だけが使用《しよう》できます。表面《ひょうめん》の素材《そざい》には、おもに天然《てんねん》皮革《ひかく》、合成《ごうせい》皮革《ひかく》、ゴムの3種類《しゅるい》があります。それぞれ耐久《たいきゅう》性《せい》や使用感《しようかん》に違《ちが》いがあります。皮革《ひかく》タイプは、8枚《まい》または12枚《まい》の皮《かわ》をつなぎ合《あ》わせて球体《きゅうたい》にしています。

ボールのサイズ

7号《ごう》

【周囲《しゅうい》】75.0〜77.0センチ

【重《おも》さ】580〜620グラム

中学生以上《ちゅうがくせいいじょう》の男子《だんし》が使用《しよう》する

6号《ごう》

【周囲《しゅうい》】71.5〜73.0センチ

【重《おも》さ】510〜550グラム

中学生以上《ちゅうがくせいいじょう》の女子《じょし》が使用《しよう》する

写真提供：株式会社モルテン（4点とも）

＊5人制《にんせい》の場合《ばあい》。3人制《にんせい》（3x3）では別規格《べつきかく》のボールが使用《しよう》される

ボールのおもな素材《そざい》

天然皮革《てんねんひかく》

使《つか》っているうちに手《て》になじみやすく、公式戦《こうしきせん》などで使用《しよう》することが多《おお》い（写真《しゃしん》は12枚《まい》の皮《かわ》をつなぎ合《あ》わせたもの）

合成皮革《ごうせいひかく》

人工的《じんこうてき》な素材《そざい》で革《かわ》の手《て》ざわりに近《ちか》づけたもの

ゴム

屋外《おくがい》で皮革《ひかく》タイプを使《つか》うと表面《ひょうめん》に傷《きず》がついてしまうため、その代《か》わりに使用《しよう》することが多《おお》い

5号《ごう》

【周囲《しゅうい》】68.5〜70.0センチ

【重《おも》さ】465〜495グラム

ミニバス（男女《だんじょ》とも）で使用《しよう》する

ポジションと役割《やくわり》を整理《せいり》しよう

ベンチに入《はい》れるチームメンバーは12人前後《にんぜんご》です。この中《なか》から1人《ひとり》がキャプテンになります。チームメンバーのほかには、ヘッドコーチやアシスタントコーチなどがベンチに入《はい》れます。

一度《いちど》に試合《しあい》に出場《しゅつじょう》できる選手《せんしゅ》は5人《にん》です。ポイントガード（PG）、シューティングガード（SG）、スモールフォワード（SF）、パワーフォワード（PF）、センター（C）など、役割《やくわり》に応《おう》じたポジション名《めい》がついています。

代表的《だいひょうてき》なポジション

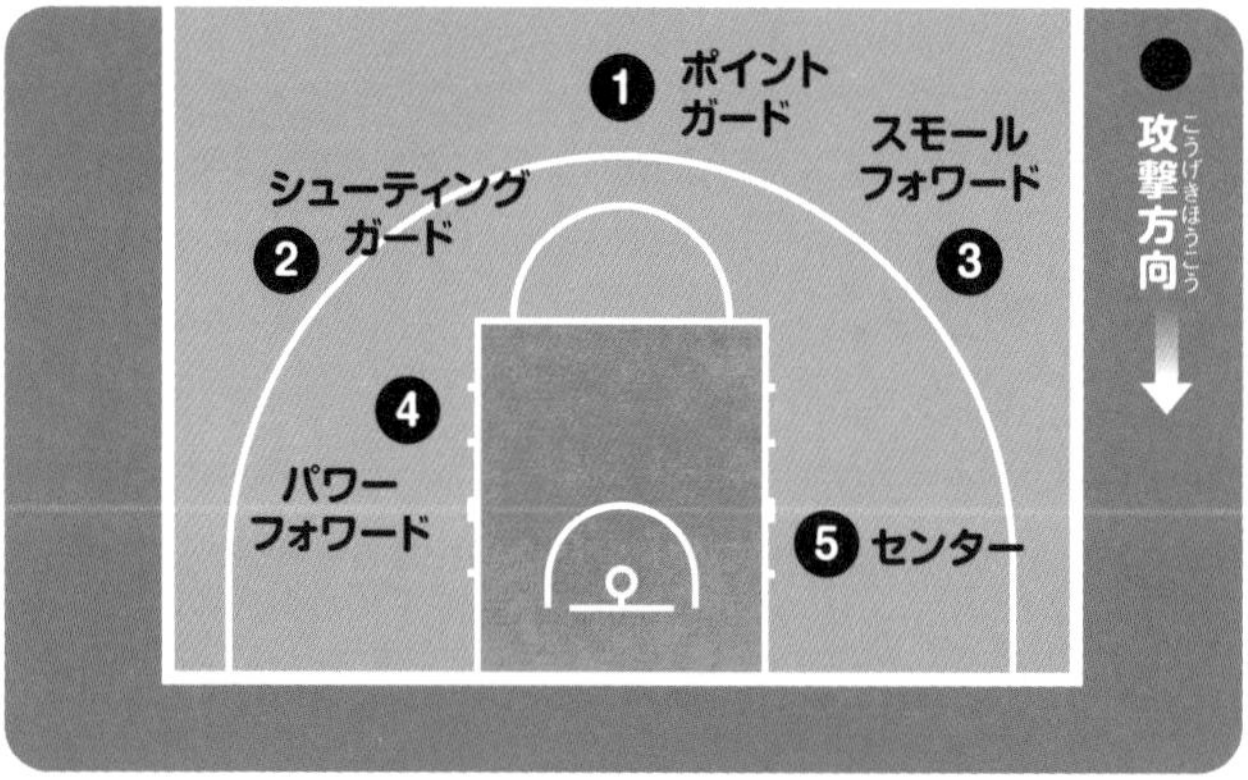

各《かく》ポジションの位置《いち》は攻撃時《こうげきじ》の大体《だいたい》のイメージ。各《かく》ポジションを図内《ずない》の数字《すうじ》で呼《よ》ぶこともある

知《し》ってる？

2人《ふたり》になっても継続可能《けいぞくかのう》

試合開始時《しあいかいしじ》に選手《せんしゅ》が5人《にん》いれば試合《しあい》はできます。失格《しっかく》や退場《たいじょう》によって出場《しゅつじょう》できるメンバーが減《へ》った場合《ばあい》、最低《さいてい》でも2人《ふたり》が残《のこ》っていれば試合《しあい》は継続《けいぞく》されますが、1人《ひとり》になった時点《じてん》で試合《しあい》は終了《しゅうりょう》。チームはそのときのスコアに関係《かんけい》なく負《ま》けとなります。

各《かく》ポジションのおもな役割《やくわり》

1

ポイントガード（PG）

ボールをフロントコートへ運《はこ》び、攻撃《こうげき》の起点《きてん》となる

2

シューティングガード（SG）

名前《なまえ》の通《とお》りさまざまなシュートをねらったりポイントガードのサポートをしたりする

3

スモールフォワード（SF）

ゴール付近《ふきん》からスリーポイントライン周辺《しゅうへん》までオールラウンドにプレーする

4

パワーフォワード（PF）

スモールフォワードよりも相手《あいて》ゴールにやや近《ちか》い位置《いち》でプレーする

5

センター（C）

相手《あいて》ゴールにもっとも近《ちか》い位置《いち》でプレーする

ここに紹介《しょうかい》しているのは
基本的《きほんてき》なチーム構成《こうせい》の例《れい》で、
この通《とお》りのポジションで
なければいけない
というわけではないよ

濃淡《のうたん》の2種類《しゅるい》を使《つか》い分《わ》ける

ユニフォームは濃《こ》い色《いろ》と淡《あわ》い色《いろ》の2種類《しゅるい》を用意《ようい》して、対戦《たいせん》するチームと同《おな》じような色合《いろあ》いにならないように使《つか》い分《わ》けます。

シャツの前面《ぜんめん》と背面《はいめん》にはっきりと区別《くべつ》できる色《いろ》で番号《ばんごう》をつけます。番号《ばんごう》は0や00と1から99までが使《つか》えます。0と00は同時《どうじ》に使《つか》えますが、同《おな》じチーム内《ない》で同《おな》じ番号《ばんごう》は使《つか》えません。なお、シャツの下《した》にT《ティー》シャツを着《き》ることはできません。

ユニフォームの例《れい》

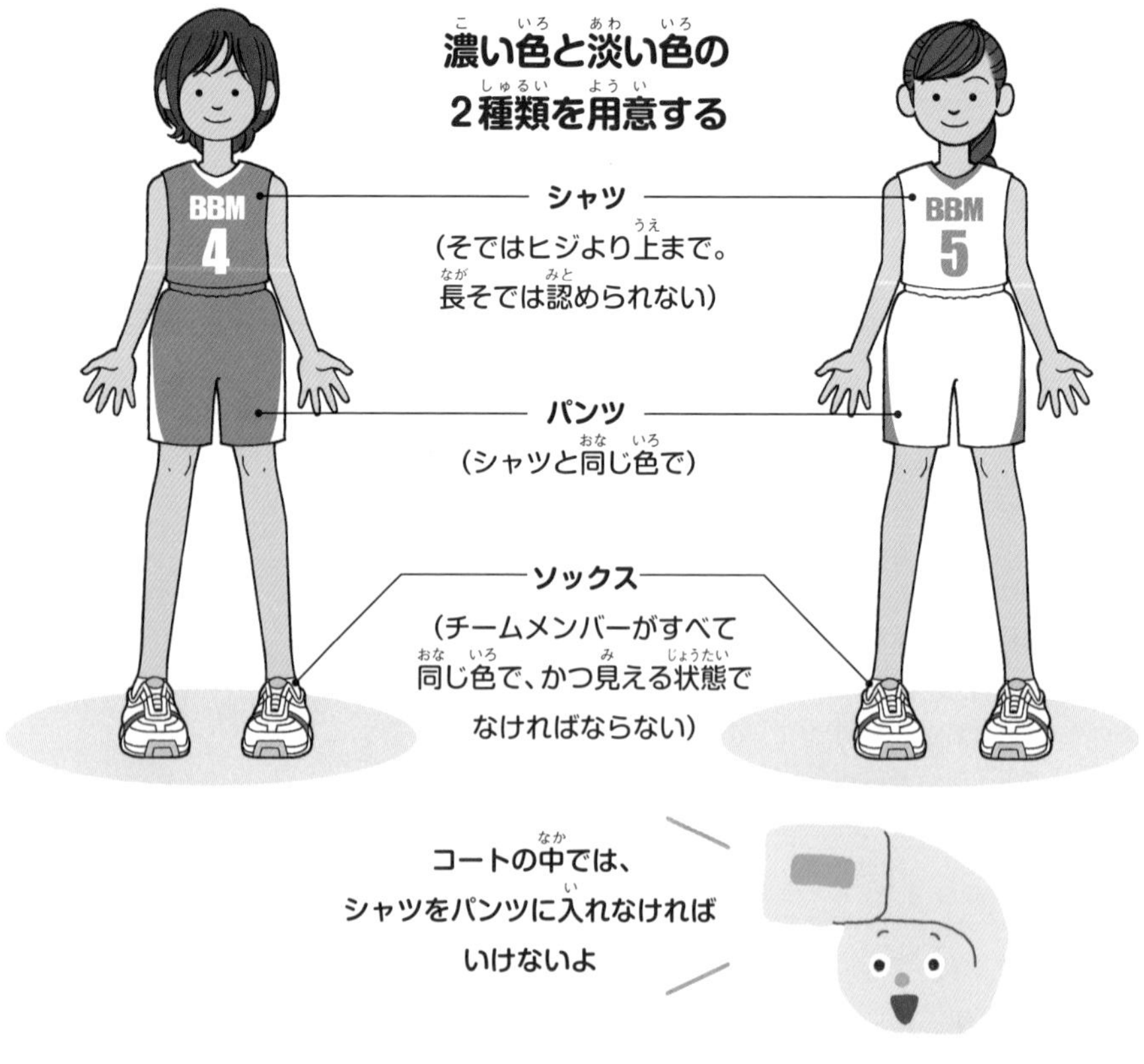

身《み》につけてよいもの、ダメなもの

ユニフォームとは別《べつ》に身《み》につけるものについても規定《きてい》がある。

身《み》につけられるもの

サポーターや保護用品《ほごようひん》などゲームに
支障《ししょう》をきたさないもの

(例《れい》)

- **腕《うで》や足《あし》のコンプレッションウェア***
- **負傷《ふしょう》した鼻《はな》のプロテクター**
- **無色透明《むしょくとうめい》なマウスガード**
- **ほかのプレーヤーに危険《きけん》が及《およ》ばないように加工《かこう》されたメガネ**
- **テーピング**
- **最大幅《さいだいはば》10センチのリストバンドやヘッドバンド**
- **足首《あしくび》の装具《そうぐ》**

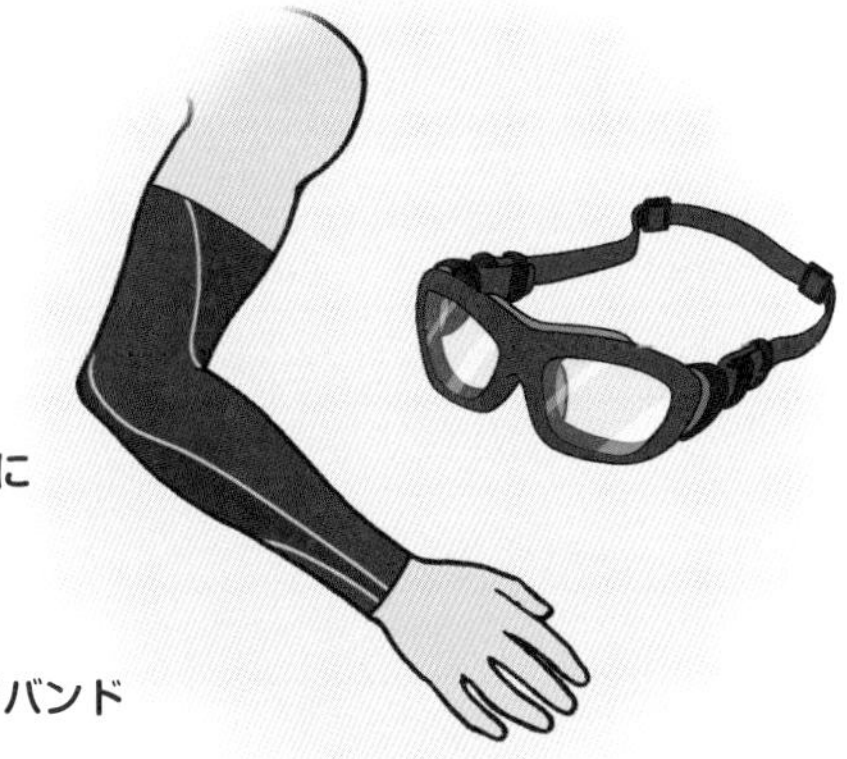

＊筋肉《きんにく》などを適度《てきど》に圧迫《あっぱく》することで疲労《ひろう》が軽減《けいげん》するといわれている

身《み》につけられないもの

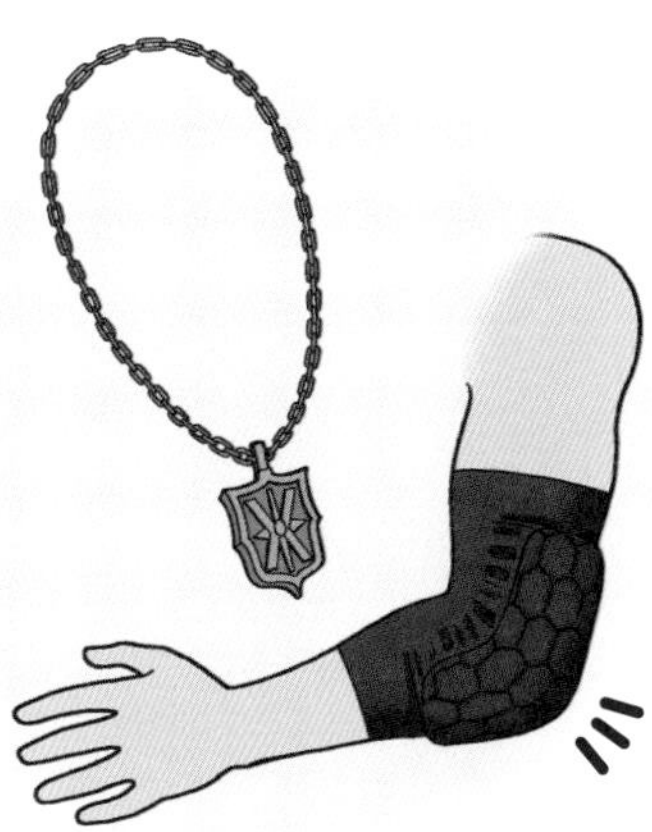

プレーするのにふさわしくないものや、ほかのプレーヤーのケガのもとになるもの

- **ヘアアクセサリーや貴金属類《ききんぞくるい》**
- **柔《やわ》らかいパッドで覆《おお》われていても、指《ゆび》・手《て》・手首《てくび》・ヒジ・前腕《ぜんわん》などの防具《ぼうぐ》**
- **固定具《こていぐ》で皮革《ひかく》、プラスチック、合成樹脂《ごうせいじゅし》、金属《きんぞく》、そのほか硬《かた》い素材《そざい》のもの**

1クォーター10分間《ぷんかん》×4の計《けい》40分《ぷん》

高校生以上《こうこうせいいじょう》の試合《しあい》は、10分間《ぷんかん》をひと区《く》切《ぎ》りとしたクォーターを4回《かい》、合計《ごうけい》40分《ぷん》間《かん》でおこなわれます。中学生《ちゅうがくせい》は1クォーターが8分《ぷん》で、試合時間《しあいじかん》は32分間《ふんかん》、小学《しょうがく》生《せい》がおこなうミニバスは1クォーターが6分間《ぷんかん》で、計《けい》24分《ふん》になります。ただし、バスケットボールは試合中《しあいちゅう》、時計《とけい》が止《と》まる時間《じかん》があるため、実際《じっさい》にかかる時間《じかん》はこれよりも長《なが》くなります。

高校生以上《こうこうせいいじょう》と中学生《ちゅうがくせい》、ミニバス（小学生《しょうがくせい》）では試合時間《しあいじかん》が異《こと》なる

「クォーター」には「4分《ぶん》の1」という意味《いみ》があって、全体《ぜんたい》の試合時間《しあいじかん》の4分《ぶん》の1を示《しめ》すときに使《つか》われるよ

試合《しあい》の流《なが》れ

前半《ぜんはん》

第《だい》1クォーター

インターバル（2分間《ふんかん》）

第《だい》2クォーター

ハーフタイム（10分間《ぶんかん》もしくは15分間《ふんかん》）

後半《こうはん》

第《だい》3クォーター

インターバル（2分間《ふんかん》）

第《だい》4クォーター

（両《りょう》チームが同点《どうてん》のとき）

インターバル（2分間《ふんかん》）

延長戦《えんちょうせん》
（オーバータイム）

前半《ぜんはん》と後半《こうはん》で
コートが入《い》れ替《か》わって、
攻《せ》めるゴールも
かわるよ

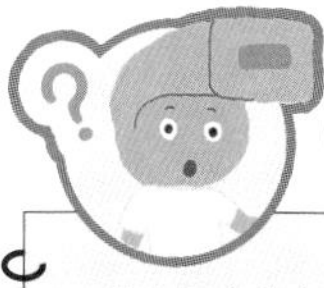

知《し》ってる？

延長戦《えんちょうせん》は決着《けっちゃく》がつくまで続《つづ》く

同点《どうてん》のまま第《だい》4クォーターが終了《しゅうりょう》したときは、延長戦《えんちょうせん》（「オーバータイム」ともいう）をおこないます。時間《じかん》は中学生《ちゅうがくせい》が3分間《ぶんかん》、高校生以上《こうこうせいいじょう》は5分間《ふんかん》です。延長戦《えんちょうせん》は2分間《ふんかん》のインターバルを挟《はさ》みながら決着《けっちゃく》がつくまでおこないます。

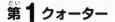

デッドからライブになるケースをおぼえよう

試合中《しあいちゅう》、ボールは必《かなら》ず「ライブ」（ボールの動《うご》きが認《みと》められる）か、「デッド」（ボールの動《うご》きが認《みと》められない）のどちらかの状態《じょうたい》にあります。デッドの状態《じょうたい》のボールがライブになるのは3つのケースです。まずはこれをおぼえましょう。

選手交代《せんしゅこうたい》（34～35ページ）が認《みと》められるのは、ボールがデッドの状態《じょうたい》になって時《と》計《けい》が止《と》まったときです。

ボールがライブになるとき

1　ジャンプボールで、トスアップのボールが主審《しゅしん》（クルーチーフ）の手《て》から離《はな》れたとき

23ページの
「デッド」になるときとあわせて、
おぼえておこう

参考《さんこう》ページ　P24–25 ジャンプボール、P30–31 スローイン、P108–109 フリースロー

2 フリースローで、審判《しんぱん》からシューターにボールが渡《わた》されたとき

3 スローインで、審判《しんぱん》からスローインするプレーヤーにボールが渡《わた》されたとき

ボールがデッドになるとき（代表的《だいひょうてき》なケース）

1 ▸ ゴールやフリースローが成功《せいこう》したとき

2 ▸ ライブの状態《じょうたい》で審判《しんぱん》が笛《ふえ》を鳴《な》らしたとき

3 ▸ 終了《しゅうりょう》を知《し》らせるブザーやショットクロックのブザーが鳴《な》ったとき

4 ▸ ショットされたボールが空中《くうちゅう》にある間《あいだ》に、審判《しんぱん》が笛《ふえ》を鳴《な》らしたり、ブザーが鳴《な》ったりして、その後《ご》プレーヤーがボールにふれたとき

知《し》ってる？

ボールがデッドにならないときもある

ショットされたボールが空中《くうちゅう》にある間《あいだ》に、審判《しんぱん》が笛《ふえ》を鳴《な》らしたり、ショットクロックなどのブザーが鳴《な》ったりしても、ショットが成功《せいこう》したら得点《とくてん》は認《みと》められます。

試合開始《しあいかいし》のときにおこなう

ジャンプボールとは、両《りょう》チーム1人《ひとり》ずつの選手《せんしゅ》がセンターサークル内《ない》でおこなうもので、この選手《せんしゅ》のことを「ジャンパー」といいます。

審判《しんぱん》は2人《ふたり》のジャンパーの間《あいだ》にボールをトス（投《な》げ上《あ》げる）します。ボールが頂点《ちょうてん》に達《たっ》したあと落《お》ちてくるときに、ジャンパーは片手《かたて》か両手《りょうて》でタップ（たたく）できます。ボールがタップされたら、ほかのプレーヤーもサークルの中《なか》に入《はい》ることができます。

ジャンプボールの様子《ようす》

ジャンパーはチーム内《ない》でだれが務《つと》めてもよいが、両《りょう》チーム1人《ひとり》ずつが必《かなら》ずセンターサークル内《ない》に入《はい》らなければならない。また、ジャンパーの2人《ふたり》は正当《せいとう》なタップがおこなわれるまではサークルから出《で》られない。ジャンパーはボールがタップされたあとジャンパー以外《いがい》の選手《せんしゅ》がさわるか、床《ゆか》にバウンドしたらボールにさわることができる。

ジャンパー以外《いがい》の選手《せんしゅ》の決《き》まり

　ジャンパー以外《いがい》の選手《せんしゅ》がセンターサークル内《ない》に入《はい》れるのは、ジャンパーがボールにふれてから。それより前《まえ》に入《はい》るとバイオレーション（37ページ～）になる。また、サークルのラインもサークル内《ない》になるので、ラインを踏《ふ》んでもダメ。ライン上《じょう》の空間《くうかん》もサークル内《ない》になるので、手《て》などをライン上《じょう》の空間《くうかん》に入《い》れるのも禁止《きんし》。

知《し》ってる?

空中《くうちゅう》にあれば
連続《れんぞく》してさわれる

　ジャンプボールで審判《しんぱん》がボールをトスしたあと、お互《たが》いのジャンパーがタップしたボールがまだ空中《くうちゅう》にあれば、ジャンパーはもう一度《いちど》だけタップできます。ただし、2回《かい》までしかタップできません。

ジャンパーが
ボールにふれた瞬間《しゅんかん》、
試合《しあい》の時計《とけい》が
動《うご》き始《はじ》めるよ

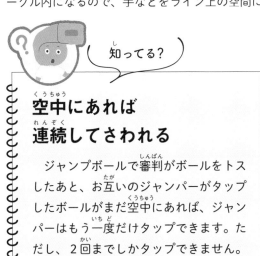

ジャンプボールシチュエーションの再開方法《さいかいほうほう》

オルタネイティングポゼッションとは、ジャンプボールをおこなう状況《じょうきょう》（「ジャンプボールシチュエーション」という）になったときに、両《りょう》チームが交互《こうご》にスローインをして試合《しあい》を再開《さいかい》する方法《ほうほう》です。ジャンプボールシチュエーションには、ヘルドボールや両《りょう》チームの選手《せんしゅ》がボールに同時《どうじ》にふれてアウトオブバウンズ（40〜41ページ）にしたときなど、いくつかあります。試合《しあい》が始《はじ》まって最初《さいしょ》にオルタ

スローインの権利《けんり》はオルタネイティングポゼッションアローで示《しめ》される

次《つぎ》にスローインの権利《けんり》を与《あた》えられるチームは、「オルタネイティングポゼッションアロー」が相手《あいて》チームのバスケットを向《む》いていることで示《しめ》されます。オルタネイティングポゼッションアローの向《む》きは、オルタネイティングポゼッションのスローインが終《お》わったら、逆《ぎゃく》の向《む》きに変《か》わります。

オルタネイティングポゼッションアロー

写真《しゃしん》では右《みぎ》から左《ひだり》に攻《せ》めているチームに、次《つぎ》のスローインの権利《けんり》があることを示《しめ》している

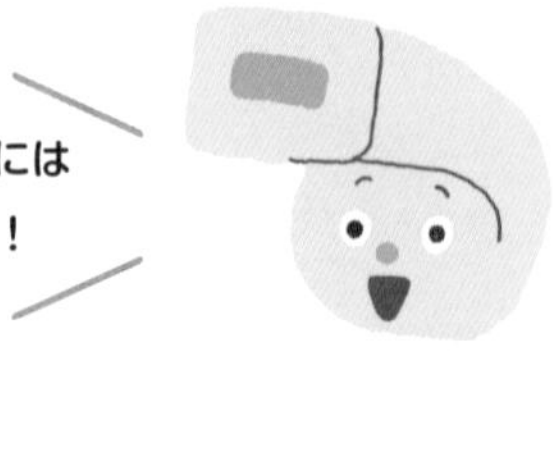

「オルタネイティブ(alternative)」には「代用《だいよう》」という意味《いみ》があるんだって！

ネイティングポゼッションの権《けん》利《り》をもらえるのは、ジャンプボールされたボールをキャッチやドリブルしなかったチームです。ジャンプボールが直接《ちょくせつ》、アウトオブバウンズになったときも、最後《さいご》にボールにふれていないチームに権利《けんり》があります。

ヘルドボール（両《りょう》チームの選手《せんしゅ》がボールを持《も》った状態《じょうたい》で試合《しあい》が進《すす》まなくなること）などがジャンプボールシチュエーションとなる

再開《さいかい》のスローインは、ジャンプボールシチュエーションになったところに一番近《いちばんちか》いアウトオブバウンズからおこなう

知《し》ってる？

以前《いぜん》はジャンプボールで再開《さいかい》していた

以前《いぜん》はセンターサークル以外《いがい》にも2つのサークルがあり、ジャンプボールシチュエーションになったら、近《ちか》いサークルでジャンプボールをおこなって試合《しあい》を再開《さいかい》していました。でも、それだと頻繁《ひんぱん》に試合《しあい》が止《と》まってしまうので、よりスムーズに進行《しんこう》するために今《いま》のルールになりました。

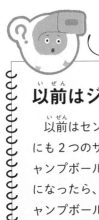

得点《とくてん》には、1、2、3点《てん》がある

バスケットボールでは、ゴールが成功《せいこう》すると1~3点《てん》の得点《とくてん》が入《はい》ります。フリースローなら1点《てん》、ツーポイントエリア内《ない》のショットなら2点《てん》、スリーポイントエリアのショットなら3点《てん》です。試合終《しあいしゅう》了《りょう》時《じ》により多《おお》くの得点《とくてん》を取《と》ったチームが勝利《しょうり》します。

なお、スリーポイントラインを踏《ふ》んでショットを打《う》った場合《ばあい》、ゴールが成功《せいこう》しても2点《てん》。フリースローはフリースローラインを踏《ふ》んでいたら、得点《とくてん》は認《みと》められません。

こんなときはどうなる?

スリーポイントショットがほかの選手《せんしゅ》に当《あ》たったら?

スリーポイントラインの外側《そとがわ》から打《う》ったショットが、相手《あいて》ディフェンダーにふれてゴールが成功《せいこう》したときは、3点《てん》が認《みと》められます。でも、ツーポイントエリアにいる味方《みかた》にふれたときは、成功《せいこう》したとしても2点《てん》になってしまいます。

著者提供

スリーポイントショットが相手《あいて》にふれてゴールに入《はい》った場合《ばあい》は3点《てん》が認《みと》められる

©Getty Images

©Getty Images

得点《とくてん》の種類《しゅるい》

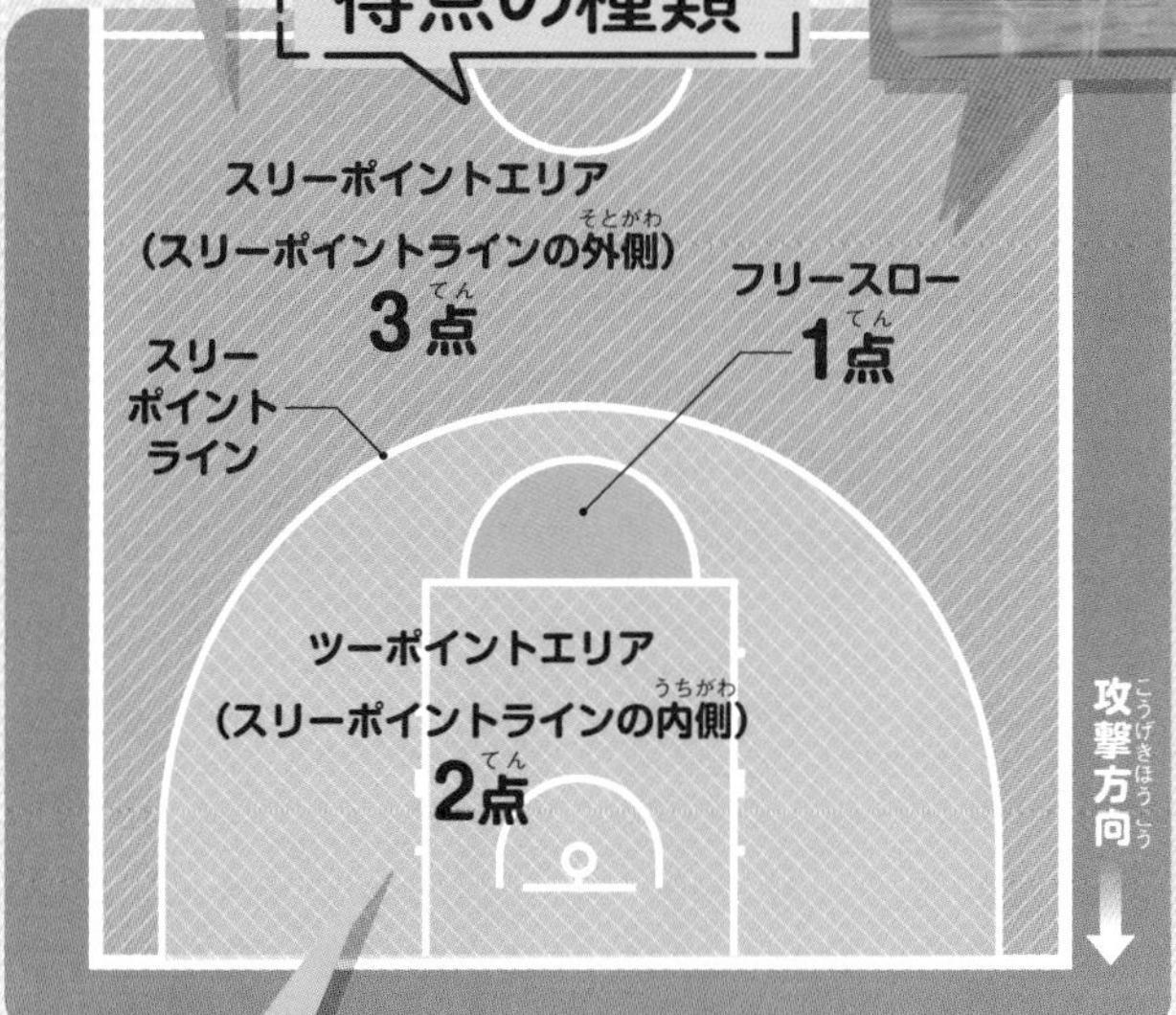

©Getty Images

ミニバス POINT

2024年《ねん》3月現在《がつげんざい》、ミニバスにはスリーポイントラインがないので、スリーポイントショットそのものがないが、今後導入《こんごどうにゅう》される動《うご》きもある

プレーが止《と》まったときの再開方法《さいかいほうほう》

スローインとは、アウトオブバウンズ(40〜41ページ)からコート内《ない》にパスすることです。バイオレーション(第《だい》2章《しょう》)やファウル(第《だい》3章《しょう》)が起《お》きたときは、そこにもっとも近《ちか》いところから、審判《しんぱん》が試合《しあい》を止《と》めたときにはボールがあった位置《いち》にもっとも近《ちか》いところからスローインします。ただし、バックボードの真後《まうし》ろからはおこないません。

ゴール成功後《せいこうご》のスローインは、エンドラインからおこないます。

スローインについて

1 審判《しんぱん》からボールを与《あた》えられたところからおこなう

2 ボールを持《も》ってから5秒《びょう》を超《こ》えてしまうとバイオレーションとなり、スローインの権利《けんり》が相手《あいて》チームに移《うつ》ってしまう

知《し》ってる?

ショットが成功《せいこう》したときはエンドラインから

ショットが成功《せいこう》したあとのスローインは、エンドラインのどこから投《な》げてもいいし、エンドラインの外《そと》にいる味方《みかた》にパスをしてからの再開《さいかい》でもOK《オーケー》です（右《みぎ》の図《ず》）。ただし、エンドラインの外《そと》にいる味方《みかた》にパスした場合《ばあい》でも、ボールを受《う》けた味方《みかた》はボールをパスした選手《せんしゅ》がボールを持《も》っていた時間《じかん》と合《あ》わせて5秒《びょう》を超《こ》えずにスローインする必要《ひつよう》があります。

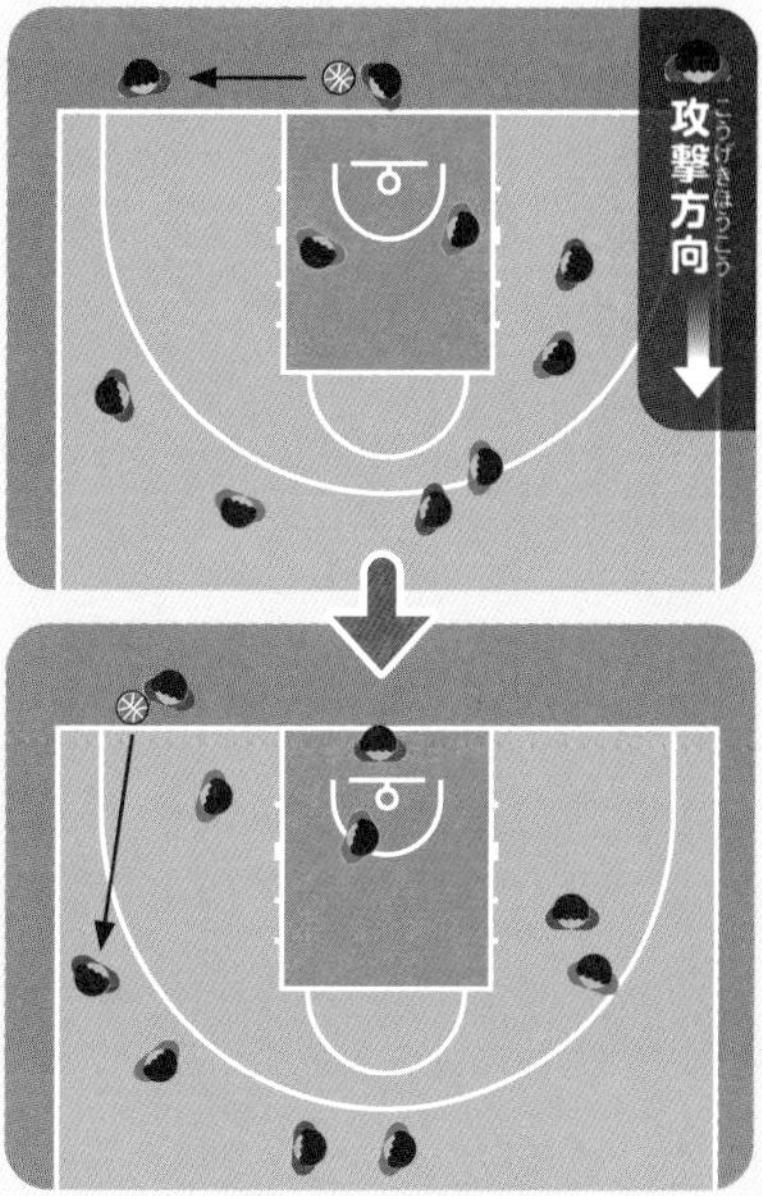

エンドラインの外《そと》にいる味方《みかた》にパスして、パスを受《う》けた選手《せんしゅ》が投《な》げ入《い》れてもOK《オーケー》

エンドラインからのスローイン

3 **第《だい》2クォーター以降《いこう》に試合《しあい》を再開《さいかい》するときは、スコアラーズテーブルとは逆側《ぎゃくがわ》のサイドラインからセンターラインをまたいでスローインをおこなう**（下《した》の図《ず》）

上《うえ》から見《み》た図《ず》

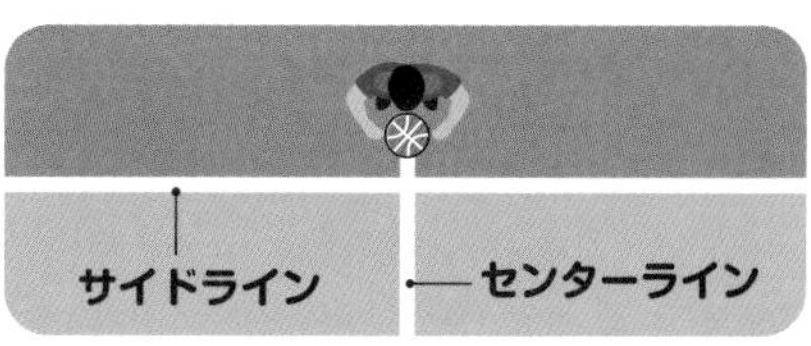

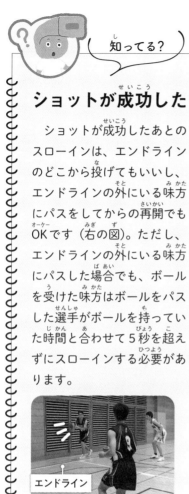

作戦《さくせん》を指示《しじ》するための1分間《ぷんかん》の中断《ちゅうだん》

タイムアウトは、コーチが選《せん》手《しゅ》に作戦《さくせん》を伝《つた》えたいときなどに試合《しあい》を1分間中断《ぷんかんちゅうだん》することです。いつでも認《みと》められるわけではなく、タイムアウトが請求《せいきゅう》できるタイミングや回数《かいすう》が細《こま》かく決《き》まっています。

タイムアウトを請求《せいきゅう》できるのは、ヘッドコーチかアシスタントコーチです。下《した》に向《む》けた手《て》のひらに反対《はんたい》の手《て》の人《ひと》さし指《ゆび》を立《た》てて、スコアラーにはっきり見《み》えるように差《さ》し出《だ》します。

タイムアウトを請求《せいきゅう》する合図《あいず》

一方《いっぽう》の手《て》と反対側《はんたいがわ》の手《て》の人《ひと》さし指《ゆび》で「T《ティー》」をつくる

両《りょう》チームとも請求《せいきゅう》できるのは、ボールがデッドになって時計《とけい》が止《と》まったときと、最《さい》後《ご》のフリースローが成功《せいこう》してボールがデッドになったとき。また、得点《とくてん》されたチームはゴール後《ご》にも請求《せいきゅう》できる。

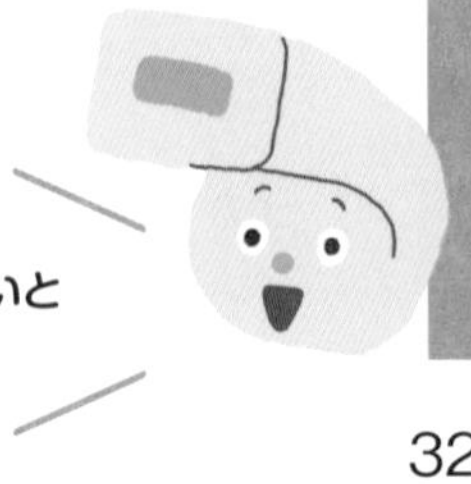

ボールがデッドになって時計《とけい》が止《と》まっているときでないと請求《せいきゅう》できないよ

タイムアウトを請求《せいきゅう》できる回数《かいすう》

前半《ぜんはん》（第《だい》1、第《だい》2クォーター） ＝ **2回《かい》**

後半《こうはん》（第《だい》3、第《だい》4クォーター） ＝ **3回《かい》**

（第《だい》4クォーターの残《のこ》り2分《ふん》になってからは2回《かい》までしかできない）

延長《えんちょう》ごとに ＝ **1回《かい》**

※使《つか》わなかったタイムアウトを次《つぎ》のハーフや延長戦《えんちょうせん》に持《も》ち越《こ》すことはできない

ミニバス POINT

ミニバスでは前後半《ぜんこうはん》ともに2回《かい》、延長《えんちょう》ごとに1回《かい》、1回《かい》ごとの時間《じかん》は45秒間《びょうかん》と定《さだ》められている

タイムアウトは作戦《さくせん》を伝《つた》えることはもちろん、試合《しあい》の流《なが》れを変《か》えるために請求《せいきゅう》することもある

©Getty Images

知《し》ってる?

スローインの位置《いち》が選《えら》べるケースも

第《だい》4クォーターと延長戦《えんちょうせん》で、残《のこ》り時間《じかん》が2分以下《ふんいか》になったとき、バックコートからスローインをするチームがタイムアウトを認《みと》められたとします。このとき、タイムアウト後《ご》のスローインはバックコートからのスローインかフロントコートのスローインラインからのスローインかを選《えら》ぶことができます。フロントコートを選《えら》んだ場合《ばあい》にはボールを自動的《じどうてき》にフロントコートに運《はこ》ぶことができますが、このときショットクロックは14秒《びょう》となるので、点差《てんさ》や残《のこ》り時間《じかん》などによって使《つか》い分《わ》けが必要《ひつよう》です。

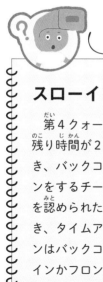

同《おな》じ選手《せんしゅ》が何度《なんど》でも交代《こうたい》できる

バスケットボールは、1試合《しあい》のなかで同《おな》じ選手《せんしゅ》が何度《なんど》も交代《こうたい》できますし、一度《いちど》に何人《なんにん》でも交代《こうたい》ができます。ほかの競技《きょうぎ》と比《くら》べると、選手交代《せんしゅこうたい》が自由《じゆう》なのが特徴《とくちょう》です。交代《こうたい》が認《みと》められるタイミングには細《こま》かい制限《せいげん》があって、タイムアウトのときと似《に》ています。

請求《せいきゅう》の合図《あいず》はタイムアウトとは異《こと》なり、交代《こうたい》する選手《せんしゅ》が直接《ちょくせつ》スコアラーに伝《つた》えます。

交代《こうたい》の請求《せいきゅう》の合図《あいず》

交代《こうたい》する選手自身《せんしゅじしん》が胸《むね》の前《まえ》で「×」をつくってスコアラーに見《み》せるか、コートサイドに設《もう》けられた交代席《こうたいせき》に座《すわ》って交代《こうたい》の申請《しんせい》をおこなう

両《りょう》チームとも交代《こうたい》が認《みと》められるのは、ボールがデッドになって時計《とけい》が止《と》まったときと、最後《さいご》のフリースローが成功《せいこう》してボールがデッドになったとき。ただし、第《だい》4クォーターと延長戦《えんちょうせん》の残《のこ》り2分《ふん》になってからは、ゴールが成功《せいこう》したときに得点《とくてん》されたチームだけが交代《こうたい》が認《みと》められる。タイムアウトと違《ちが》う点《てん》なので、気《き》をつけよう。

こんなときはどうなる?

選手《せんしゅ》が ケガをしたときは?

出場《しゅつじょう》している選手《せんしゅ》がケガをして（スタッフなどから）介助《かいじょ》や手《て》当《あ》てを受《う》ける場合《ばあい》、そのチームのコート上《じょう》の選手《せんしゅ》が5人《にん》未《み》満《まん》となってしまうとき以外《いがい》は、交《こう》代《たい》しなければなりません。ただし、ベンチエリア付近《ふきん》でコートに入《はい》らずに15秒《びょう》以《い》内《ない》で終《お》わるものは介助《かいじょ》になりません。

選手《せんしゅ》がケガをして介助《かいじょ》や手《て》当《あ》てを受《う》けた場合《ばあい》、交代《こうたい》できる選手《せんしゅ》がベンチにいれば交代《こうたい》しなければならない

©Getty Images

知《し》ってる?

ミニバスは選手《せんしゅ》の出場時間《しゅつじょうじかん》が決《き》まっている

ミニバスは、1人《ひとり》の選手《せんしゅ》が出場《しゅつじょう》できる時間《じかん》と1試合《しあい》の出場人数《しゅつじょうにんずう》に例外的《れいがいてき》なルールがあります。1人《ひとり》の選手《せんしゅ》が4クォーターすべてに出《しゅつ》場《じょう》することはできず、10人以上《にんいじょう》が最低《さいてい》1クォーターに出場《しゅつじょう》しなければなりません。

ミニバスは
選手《せんしゅ》がたくさん試合《しあい》に
出《で》られるんだね

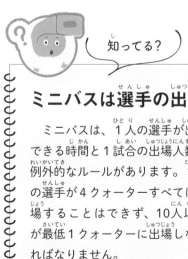

こんなときはどうなる？

スローイン編《へん》

1 ラインを踏《ふ》んでスローインしたら？

ラインはコートの外《そと》なので、踏《ふ》むだけなら問題《もんだい》ありません。でも、ラインを踏《ふ》み越《こ》えてコートの中《なか》にふれてしまうと違反《いはん》になって、相《あい》手《て》チームのスローインで再開《さいかい》されます。

2 コート内《ない》にいる相手《あいて》に一度《いちど》ボールを当《あ》てて、また自分《じぶん》でキャッチしたら？

スローインしてからコートの中《なか》に入《はい》れば、だれかに当《あ》てたボールを自《じ》分《ぶん》でもキャッチできます。でも、コートの外《そと》からジャンプしてコート内《ない》に着地《ちゃくち》する前《まえ》にキャッチすると、アウトオブバウンズになります。

3 審判《しんぱん》にボールを渡《わた》されたところから移動《いどう》したら？

１メートルの範囲《はんい》なら移動《いどう》してもOK《オーケー》です。ちなみに、ゴール後《ご》のスローインはエンドラインを自由《じゆう》に移動《いどう》していいし、コートの外《そと》の味方《みかた》にパスをしてからスローインすることもできます（31ページ）。

4 スローインしたボールが、だれにもさわられずに外《そと》へ出《で》たら？

バイオレーションになって相手《あいて》ボールのスローインで再開《さいかい》されます。スローインの位置《いち》は、ボールが外《そと》に出《で》たところではなく、元《もと》の位置《いち》からになります。

第《だい》2章《しょう》

バイオレーション

バイオレーションとファウルの分類図《ぶんるいず》

バスケットボールの規則違反《きそくいはん》

「P」のあとの数字《すうじ》はくわしく紹介《しょうかい》しているページだよ

（ファウル以外《いがい》の違反《いはん》）

バイオレーション

時間超過《じかんちょうか》

ボールの不正《ふせい》な扱《あつか》い

ラインアウト

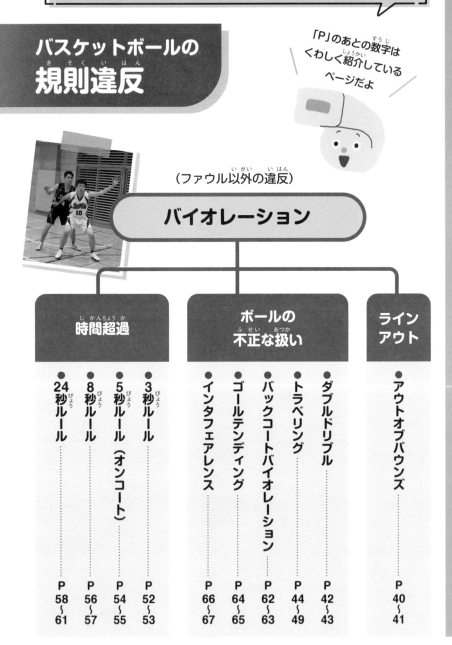

この章《しょう》ではバイオレーションについて解説《かいせつ》しますが、まずは「バイオレーション」と「ファウル」の分類《ぶんるい》をおぼえておきましょう。バイオレーションとはルールの違反《いはん》のことですが、もう少《すこ》し具体的《ぐたいてき》にいえば、ファウル以外《いがい》の違反《いはん》です。ファウルとは体《からだ》の接触《せっしょく》による違反《いはん》やスポーツマンらしくない行為《こうい》に関《かん》する違反《いはん》を指《さ》します。

バイオレーションの罰則《ばっそく》は、違反《いはん》が起《お》こった場所《ばしょ》からもっとも近《ちか》いアウトオブバウンズで、相手《あいて》チームにスローインが与《あた》えられます。

ファウル

体《からだ》の接触《せっしょく》によるファウル（パーソナルファウル）

スポーツマンらしくないファウル

*プレーヤー、交代要員《こうたいよういん》、コーチ、アシスタントコーチやチーム関係者《かんけいしゃ》の間《あいだ》で発生《はっせい》する暴力行為《ぼうりょくこうい》のこと

選手《せんしゅ》やボールがコートの外《そと》に出《で》ること

アウトオブバウンズとは、ボールやボールにかかわっている選手《せんしゅ》がコートの外《そと》に出《で》ることです。コート外《がい》の床《ゆか》はもちろん、物《もの》や人《ひと》にふれてもアウトオブバウンズになります。また、サイドラインやエンドライン上《じょう》もコートの外《そと》なので、ラインを踏《ふ》んだだけでもアウトオブバウンズになります。

アウトオブバウンズになったら、ボールに最後《さいご》にさわった選手《せんしゅ》とは逆《ぎゃく》のチームのスローインで試合《しあい》を再開《さいかい》します。

アウトオブバウンズとインバウンズ

アウトオブバウンズではない

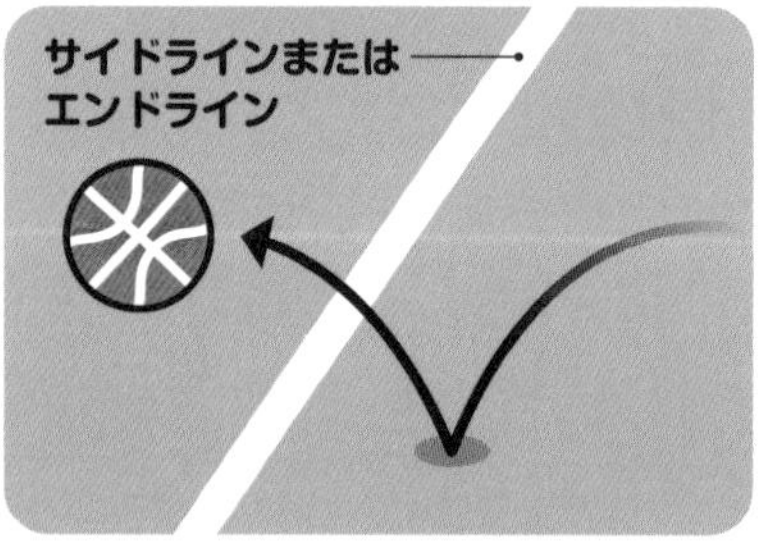

コート外《がい》の空間《くうかん》にボールがあるが、上《うえ》の図《ず》はボールがラインにふれていないためアウトオブバウンズではない（インバウンズ）、下《した》の図《ず》はラインにふれているためアウトオブバウンズ

アウトオブバウンズ

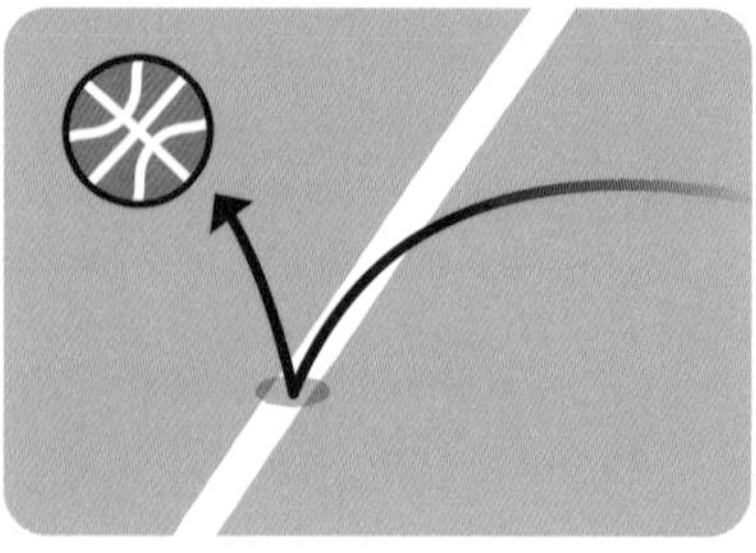

バウンズには
「境界《きょうかい》」の意味《いみ》があるよ。

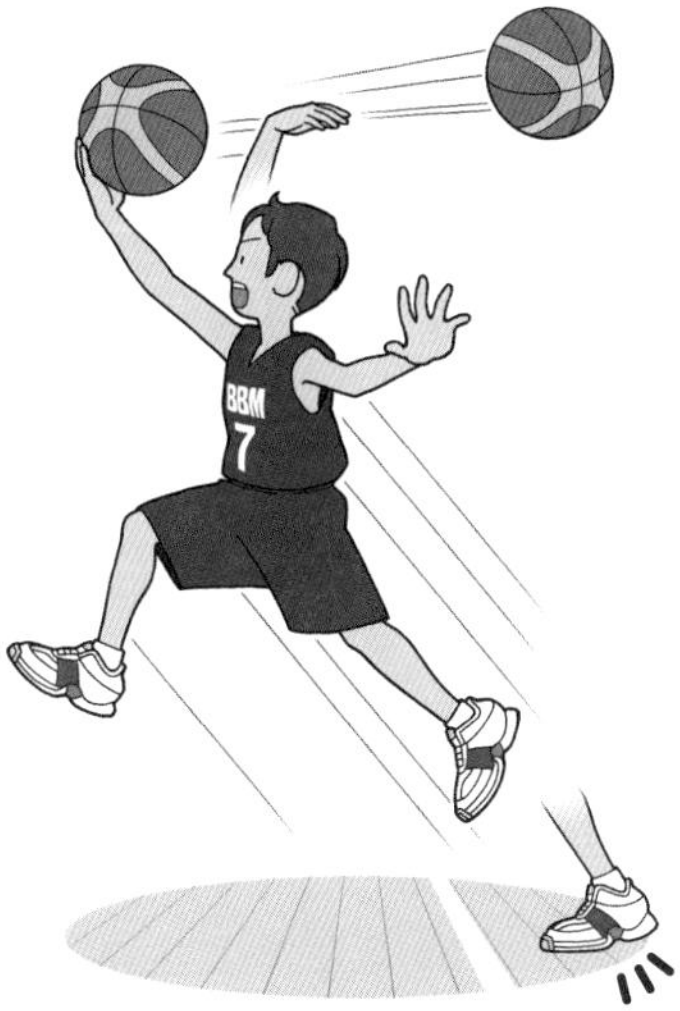

アウトオブバウンズではない

コート内《ない》からジャンプして、アウトオブバウンズになる前《まえ》にボールをコート内《ない》に戻《もど》せばプレーは継続《けいぞく》される

アウトオブバウンズ

踏《ふ》み切《き》った足《あし》がラインを越《こ》えたり踏《ふ》んでいたりした場合《ばあい》は、ボールにふれた瞬間《しゅんかん》にアウトオブバウンズになる

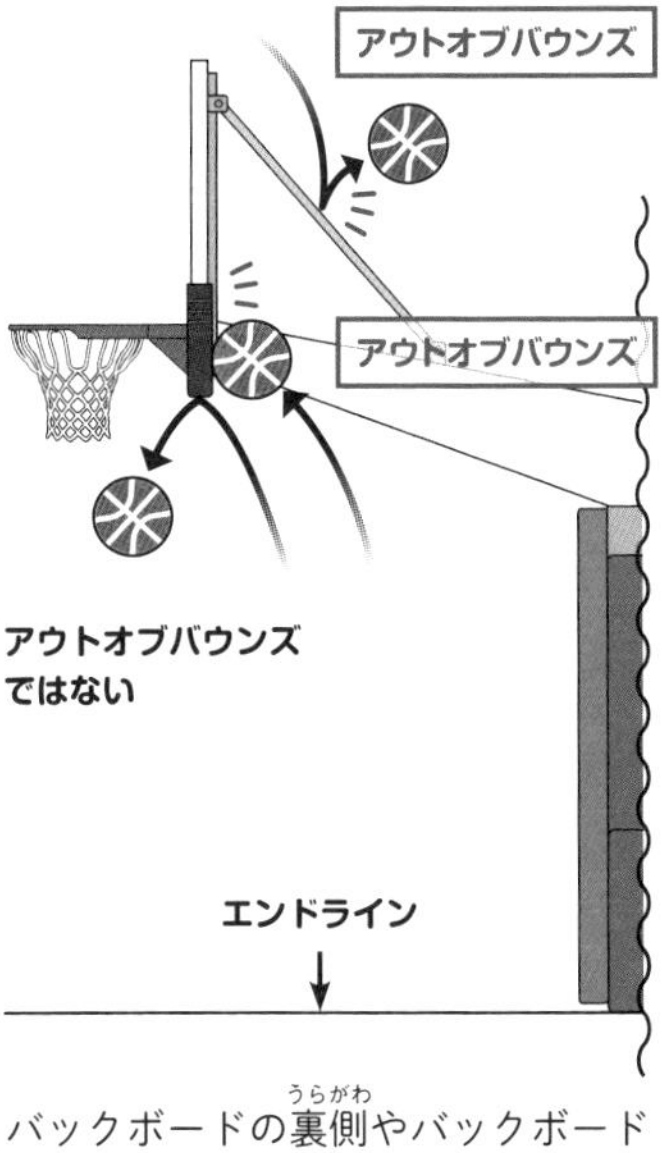

バックボードの裏側《うらがわ》やバックボードを支《ささ》える支柱《しちゅう》などもアウトオブバウンズの対象《たいしょう》。ただし、バックボードの側面《そくめん》や上面《じょうめん》、下面《かめん》はアウトオブバウンズにならない

知《し》ってる?

わざとぶつけてアウトオブバウンズに

ライン際《ぎわ》でわざと相手選手《あいてせんしゅ》にボールをぶつけてアウトオブバウンズにすれば、自分《じぶん》たちのスローインから再開《さいかい》できます。少《すこ》しズルいと感《かん》じるかもしれませんが、バスケットボールでは、冷静《れいせい》でかしこいプレーと評価《ひょうか》されています。

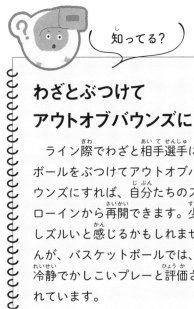

正《ただ》しいドリブルとイリーガルドリブル

ドリブルは、1人《ひとり》の選手《せんしゅ》が連続《れんぞく》してコートにボールをはずませることです。ただし、ボールを支《ささ》えて持《も》ったり、一時停止《いちじていし》させたりするようなドリブルは違反《いはん》になります。

両手《りょうて》が同時《どうじ》にボールにふれるか、ボールを支《ささ》え持《も》ったときにドリブルは終《お》わります。ドリブルが終《お》わったら、新《あら》たなドリブルはできません。ショットを打《う》ったり、ボールのコントロールを失《うしな》って相手《あいて》がさわったりすれば、またドリブルができるようになります。

ドリブルについて

正《ただ》しいドリブル

イリーガルドリブル

片手《かたて》でボールを支《ささ》え持《も》つようなドリブルをしている（イリーガルドリブルのバイオレーションになる）

「イリーガル」には「違法《いほう》の」という意味《いみ》があるよ

ダブルドリブル

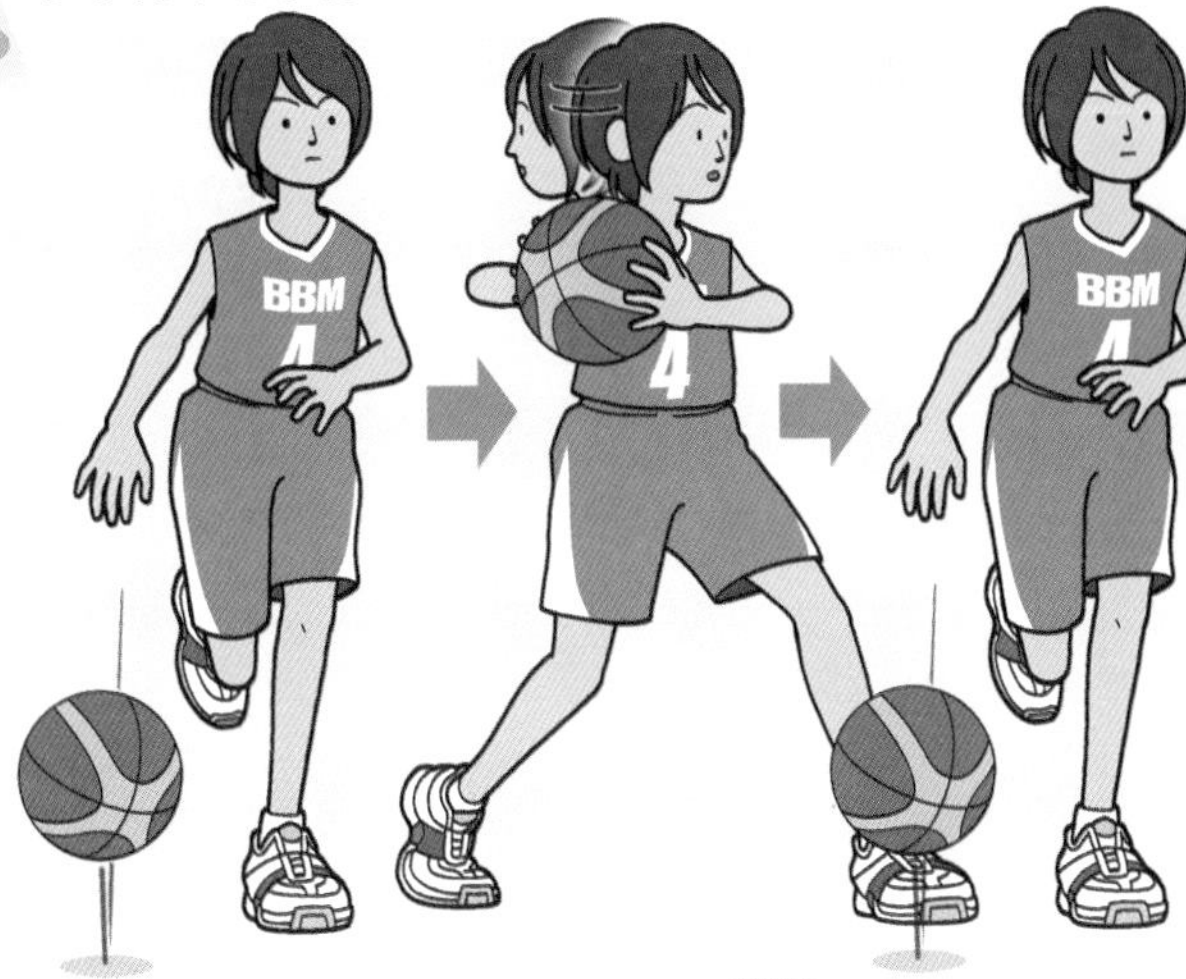

ドリブルを一度《いちど》終《お》えてから、もう一度《いちど》ドリブルをするとダブルドリブルのバイオレーションになる

POINT

ボールをわざとけったら？

ボールをわざと足《あし》でけったり、足《あし》でボールにプレーしたりした場合《ばあい》はバイオレーションになる

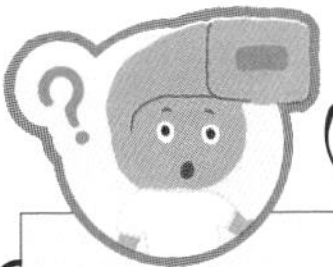

知《し》ってる？

1回《かい》のドリブルで何歩進《なんぼすす》んでもOK《オーケー》

ドリブルの際《さい》、ボールに手《て》がふれていないときのステップに制限《せいげん》はありません。したがって、ボールを一度《いちど》はずませている間《あいだ》に何歩進《なんぼすす》んでもかまいません。

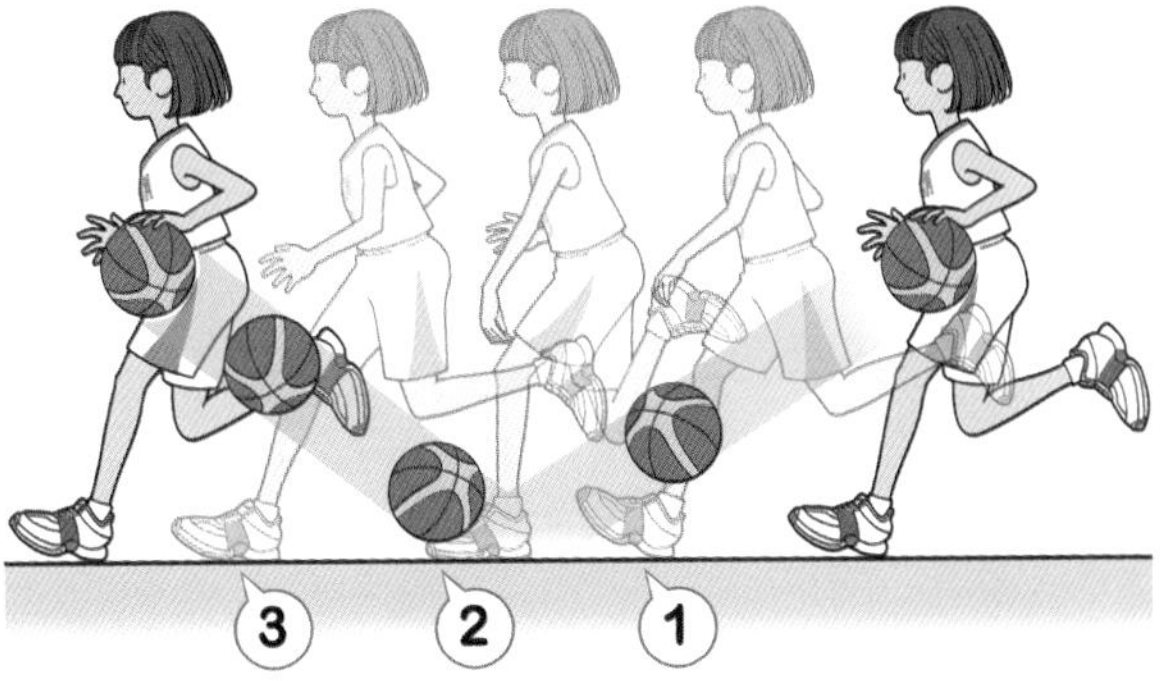

「ピボットフット」を理解《りかい》しよう

バスケットボールでは、ボールを持《も》ったまま足《あし》を動《うご》かすときの決《き》まりがあります。これに反《はん》して足《あし》を動《うご》かすと、「トラベリング」というバイオレーションになります。

決《き》まりの範囲内《はんいない》で足《あし》を動《うご》かすことを「ピボット」といいます。ピボットをおぼえるために、まずはピボットフットの決《き》まりかたを整理《せいり》しましょう。ピボットフットは、どのようにボールをキャッチしたかによって決《き》まります。

ピボットフットの決《き》まりかた

❶ 両足《りょうあし》で同時《どうじ》に着地《ちゃくち》

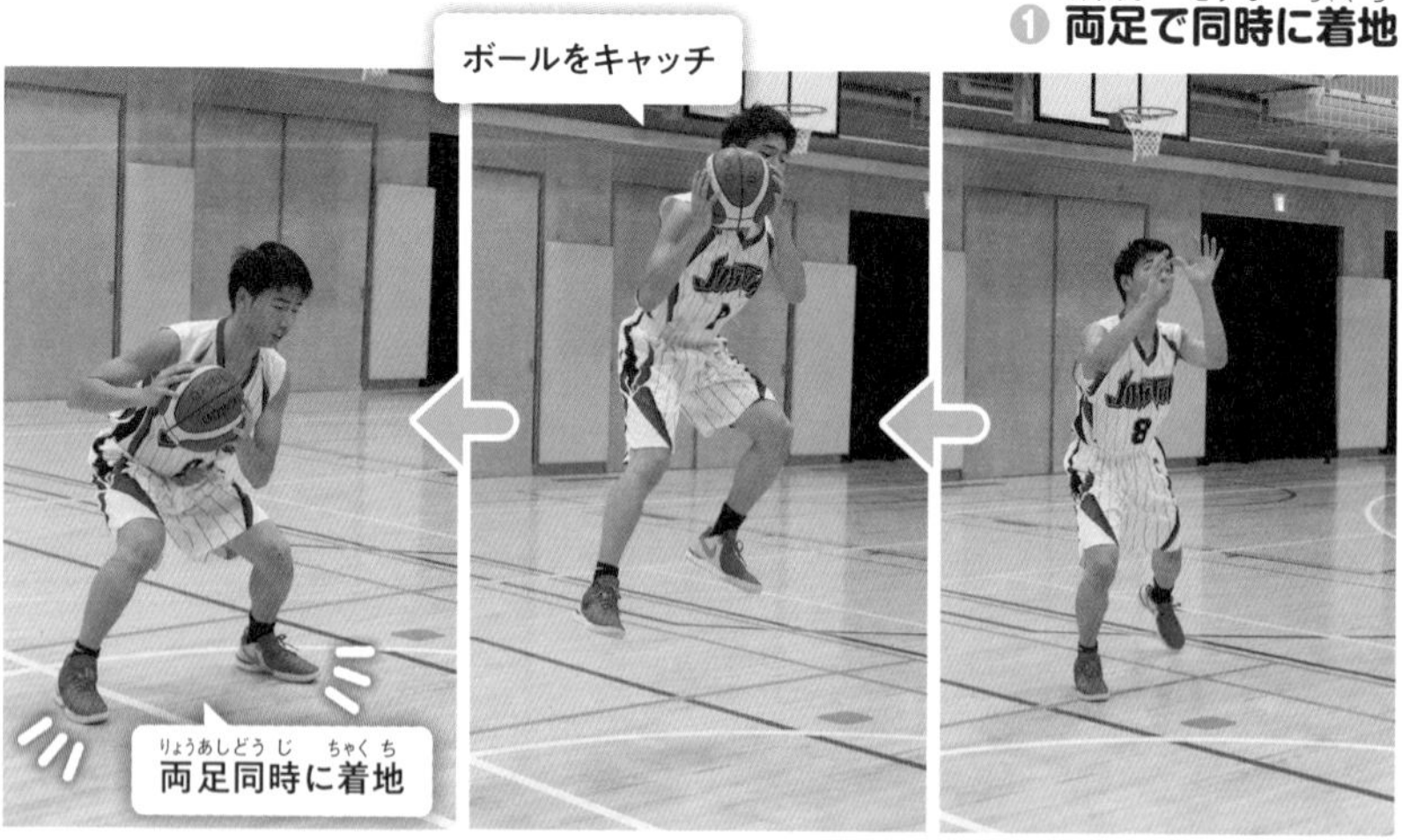

ボールを空中《くうちゅう》でキャッチしてから両足同時《りょうあしどうじ》に着地《ちゃくち》したときは、ピボットフットはまだ決《き》まらない。どちらかの足《あし》を動《うご》かしたとき（床《ゆか》から離《はな》したとき）に、反対《はんたい》の足《あし》がピボットフットになる

「ピボットフット」は
ピボットするときに
床《ゆか》についている足《あし》(軸足《じくあし》)の
ことだね

POINT

ピボットとは？

コート上《じょう》でボールを持《も》ったプレーヤーの、片方《かたほう》の足《あし》（ピボットフット）が床《ゆか》との接点《せってん》を変《か》えなければ、もう片方《かたほう》の足《あし》で何回《なんかい》でもどの方向《ほうこう》にでもステップを踏《ふ》むことができること

❷ 片足《かたあし》で着地《ちゃくち》

ボールを空中《くうちゅう》でキャッチしてから、両足《りょうあし》の着地《ちゃくち》するタイミングが違《ちが》っていたときは、先《さき》についたほうがピボットフットになる

ピボットの動《うご》きかた

ピボットフットを床《ゆか》につけたままにしておけば、もう一方《いっぽう》の足《あし》は自由《じゆう》に動《うご》かせます。動《うご》かす方向《ほうこう》や回数《かいすう》に制限《せいげん》はありません。ただし、5秒《びょう》ルール（54〜55ページ）は適用《てきよう》されるので注意《ちゅうい》しましょう。ピボットについて、いくつかの例《れい》を紹介《しょうかい》します。

ピボットについて

❶ 両足《りょうあし》で着地《ちゃくち》

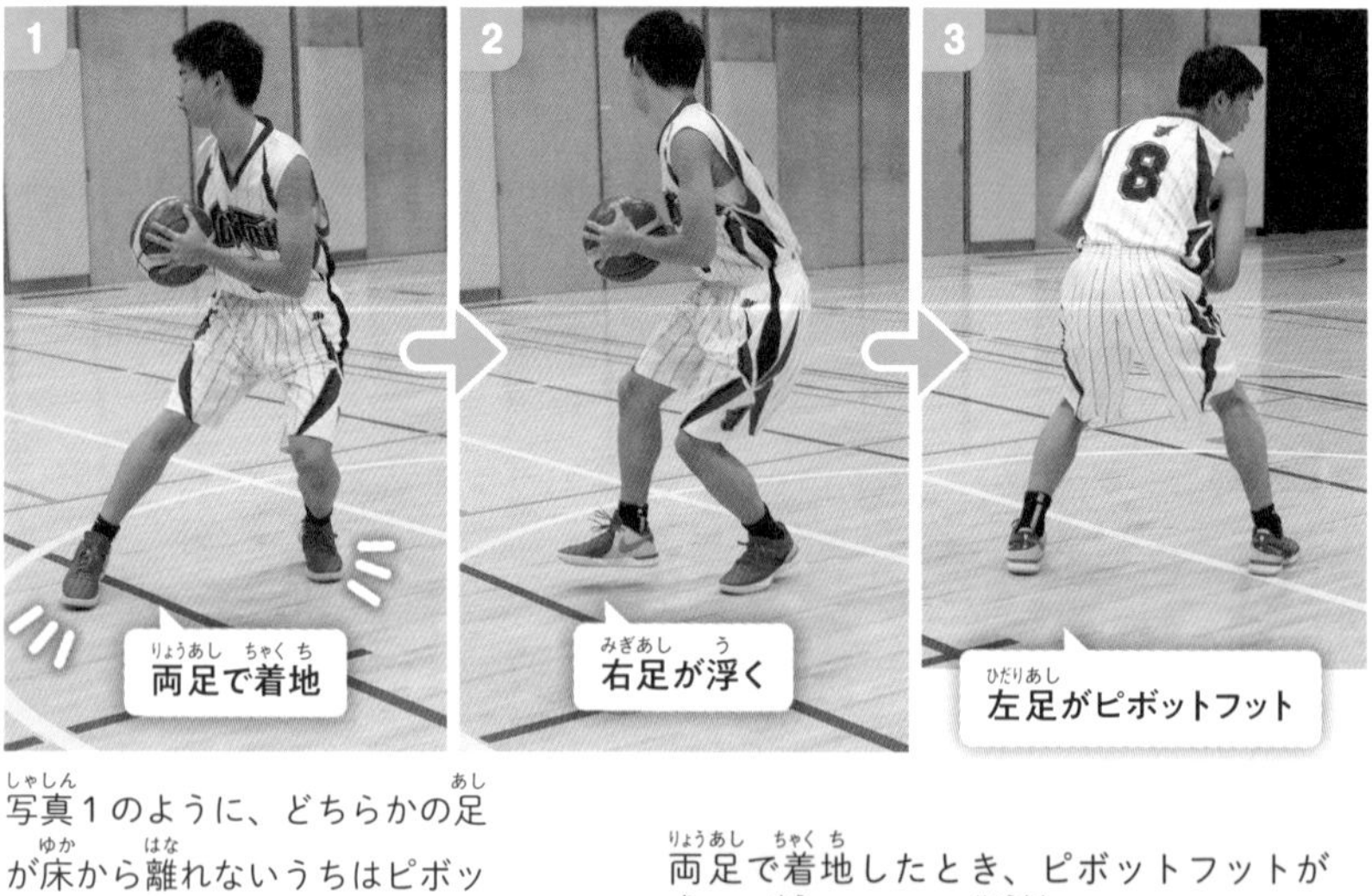

写真《しゃしん》1のように、どちらかの足《あし》が床《ゆか》から離《はな》れないうちはピボットフットが決《き》まらない。写真《しゃしん》2で右足《みぎあし》を浮《う》かした瞬間《しゅんかん》に左足《ひだりあし》がピボットフットになる。これ以《い》降《こう》は右足《みぎあし》しか動《うご》かせない

両足《りょうあし》で着地《ちゃくち》したとき、ピボットフットが決《き》まる前《まえ》にふたたび両足《りょうあし》でジャンプしたら、次《つぎ》の片足《かたあし》の着地《ちゃくち》まではトラベリングにはならない。ボールを持《も》ったまま、また両足《りょうあし》で着地《ちゃくち》したらトラベリングになる

② 片足《かたあし》で着地《ちゃくち》

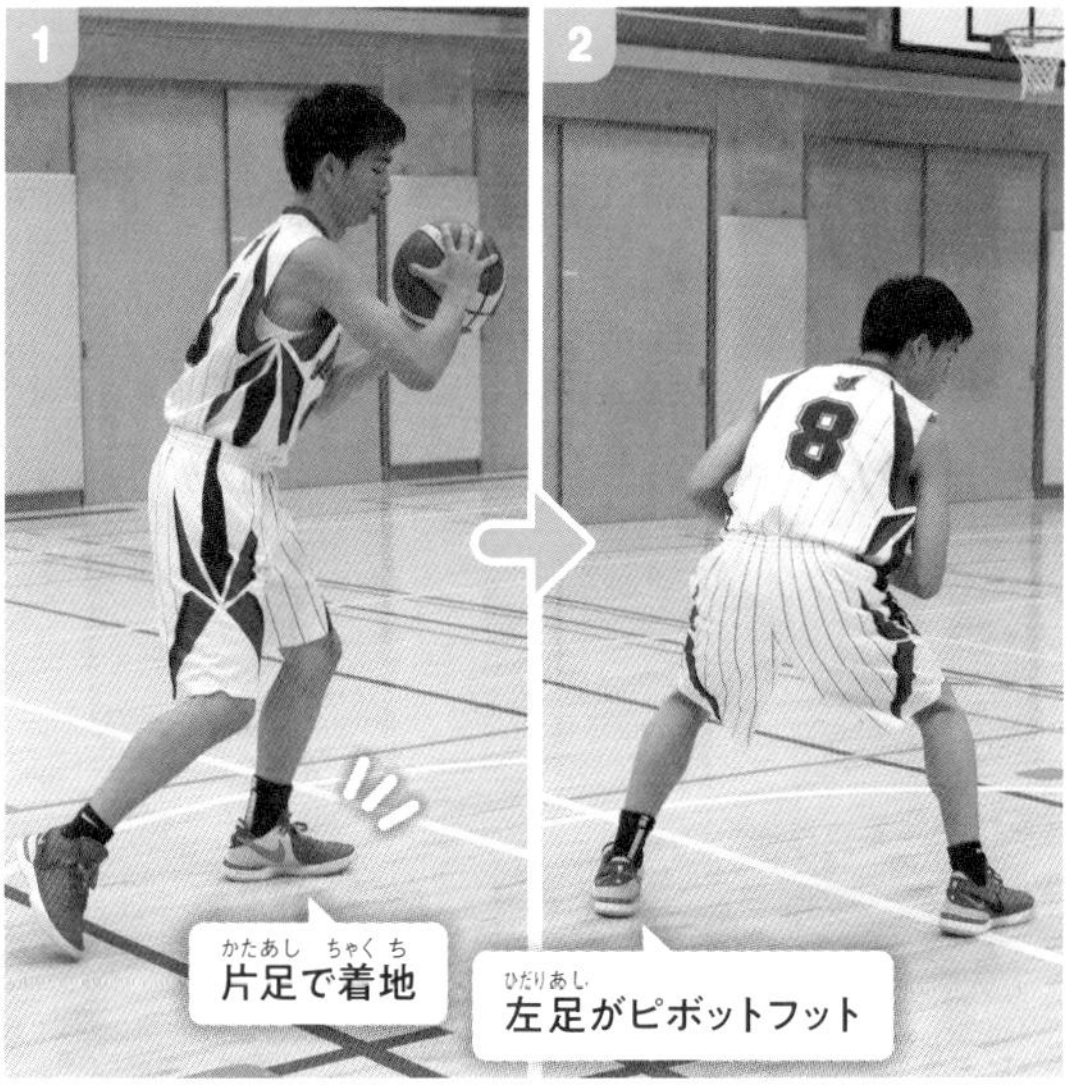

写真《しゃしん》1で先《さき》に着地《ちゃくち》した左足《ひだりあし》がピボットフットになるので、写真《しゃしん》2以降《いこう》で動《うご》かせるのは右足《みぎあし》だけ

片足《かたあし》で着地《ちゃくち》したとき、ピボットフットを床《ゆか》から離《はな》すことはできるが、ふたたび床《ゆか》につく前《まえ》にパスかショットしなければならない。ドリブルを始《はじ》めるときは、ボールを手《て》から離《はな》すより先《さき》にピボットフットが床《ゆか》から離《はな》れるとトラベリングになる

③ キャッチしながらジャンプして両足着地《りょうあしちゃくち》

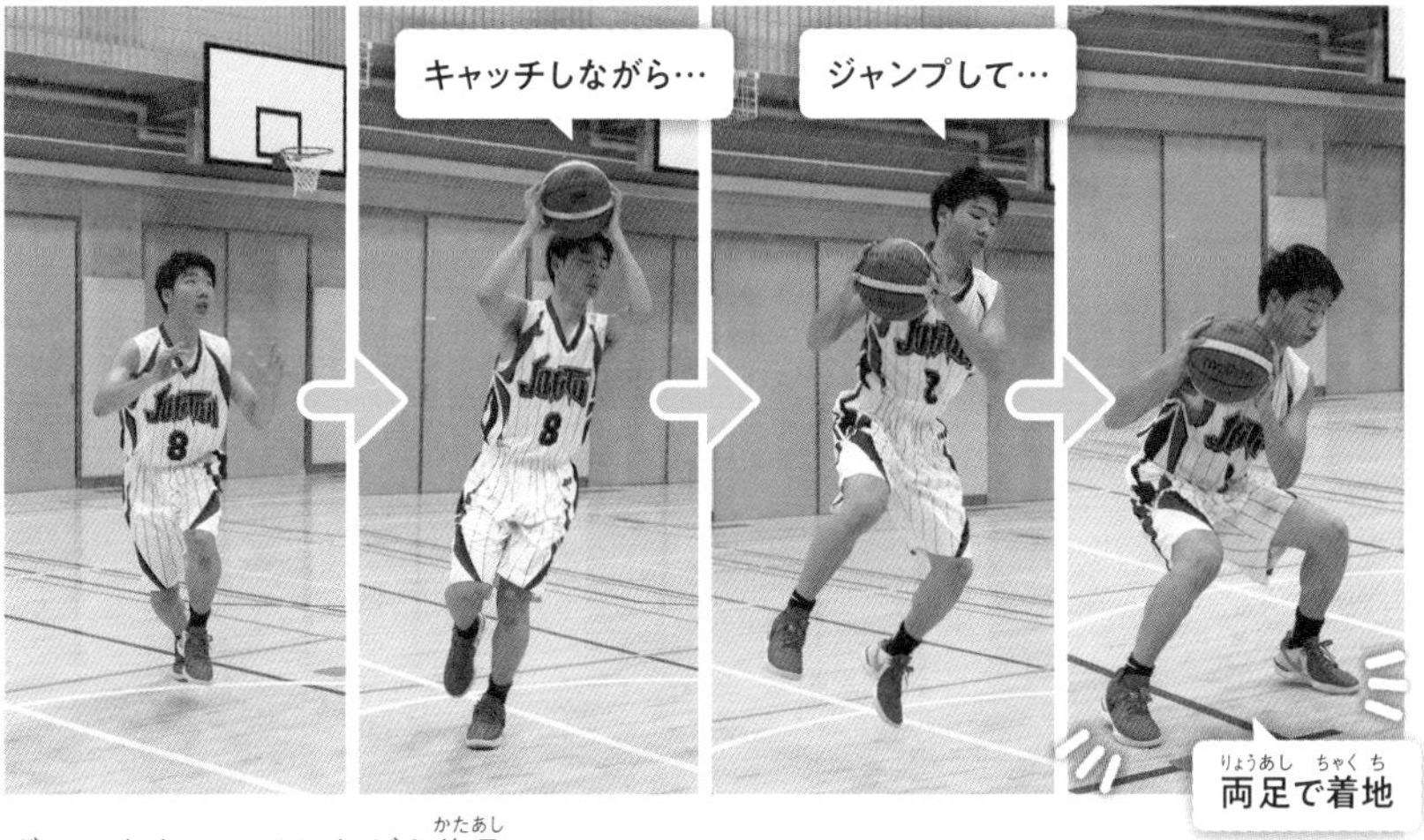

ボールをキャッチしながら片足《かたあし》で踏《ふ》み切《き》って、両足《りょうあし》で着地《ちゃくち》したケース。このあとはピボットができない

このあと足《あし》が床《ゆか》から離《はな》れてもよいが、ふたたび床《ゆか》につく前《まえ》にパスかショットしなければいけない。ドリブルをするときは、片足《かたあし》か両足《りょうあし》かに関係《かんけい》なく、ボールを手《て》から離《はな》すより足《あし》が先《さき》に床《ゆか》から離《はな》れるとトラベリングになる

ボールを持《も》ってコートに倒《たお》れたとき

ボールを持《も》っているときに足《あし》がすべってコートに倒《たお》れてしまったり、ルーズボールを倒《たお》れながらキャッチしたりすることがあります。こうしたときも、トラベリングになるケースとならないケースが決《き》まっているので、おぼえておきましょう。

こんなときはトラベリング？

トラベリングではない

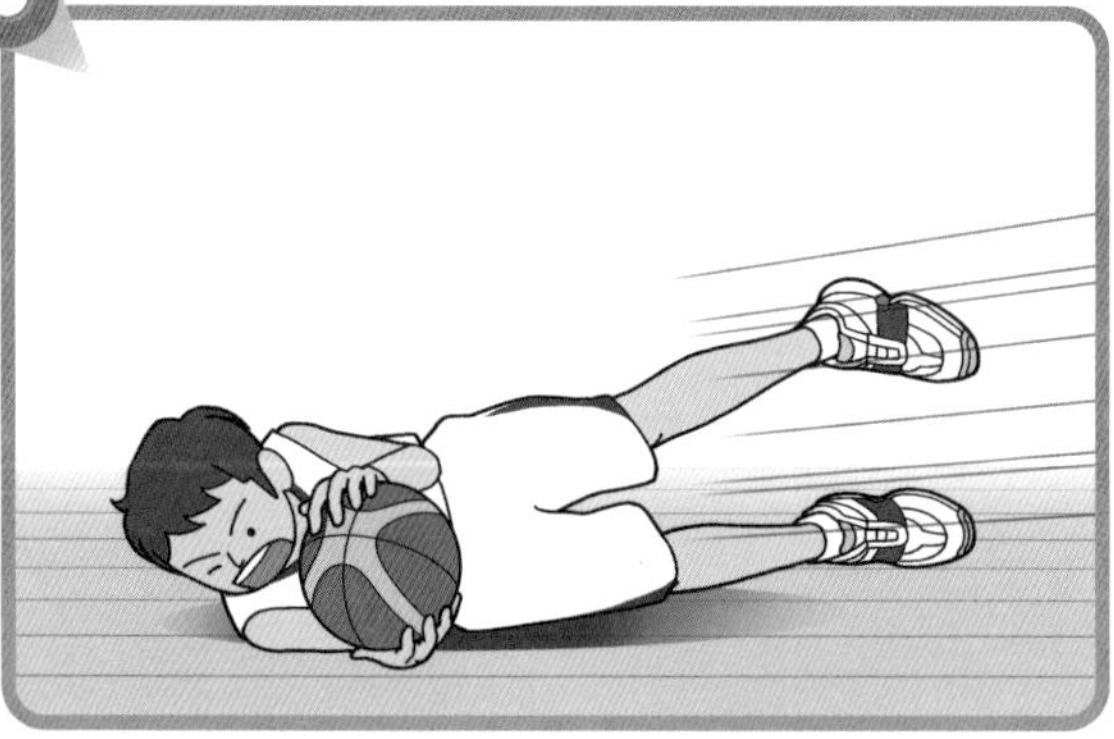

ルーズボールに飛《と》びついてキャッチ。その勢《いきお》いでコートをすべったとしてもトラベリングにはならない

トラベリング

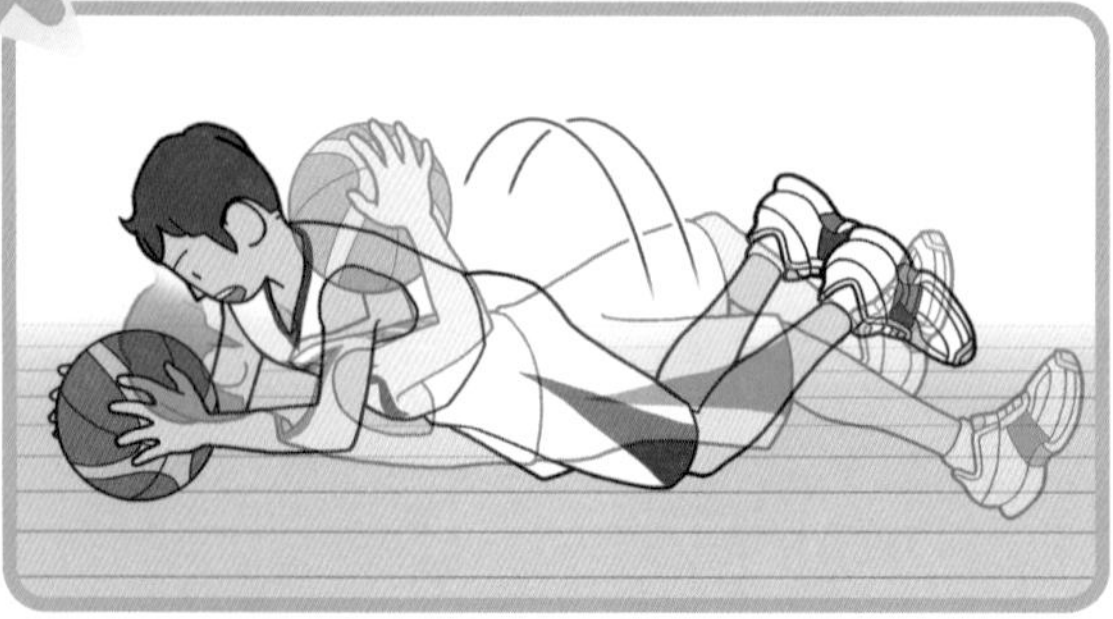

倒《たお》れたあとでコートを転《ころ》がってしまうとトラベリングになる。倒《たお》れた状態《じょうたい》のままパスを出《だ》すのはOK《オーケー》

トラベリングではない

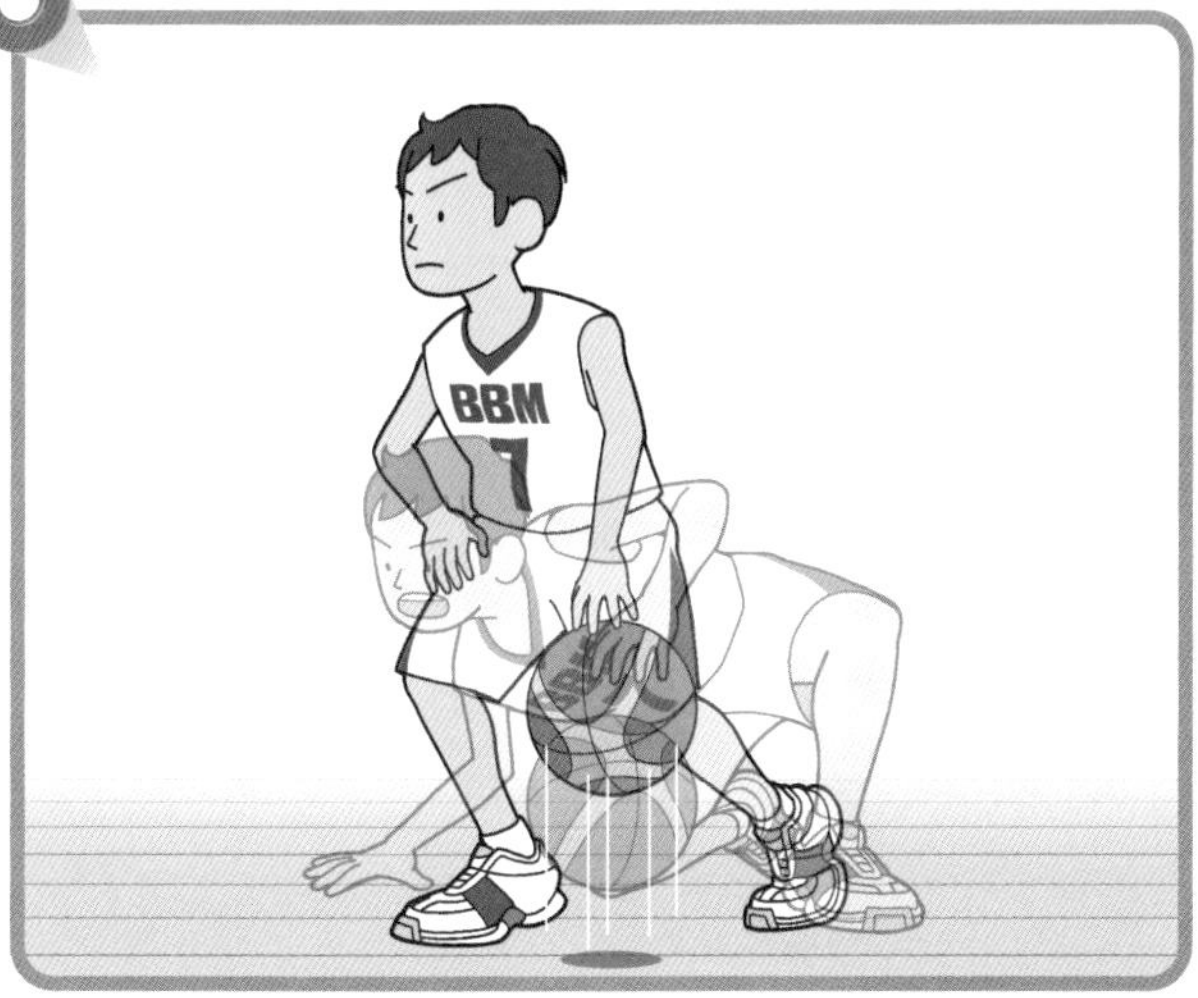

倒《たお》れた姿勢《しせい》のままドリブルを始《はじ》めて、そのまま立《た》ち上《あ》がるのは違反《いはん》ではない

トラベリング

ボールを持《も》ったまま立《た》ち上《あ》がってしまうとトラベリングになる

このページはコートに倒《たお》れた例《れい》だけど、
お尻《しり》がついた(座《すわ》った)状態《じょうたい》でも、
そのまま立《た》ち上《あ》がるとトラベリング、
ドリブルしながら立《た》ち上《あ》がると
トラベリングじゃないんだって

「ゼロステップ」の考《かんが》えかた

動《うご》きながら足《あし》がフロアについた状態《じょうたい》でボールコントロールしたとき、フロアについている足《あし》は「0歩目《ほめ》」とし、そのあとで2歩《ほ》までステップすることができます。このときピボットフットは1歩目《ほめ》になります。

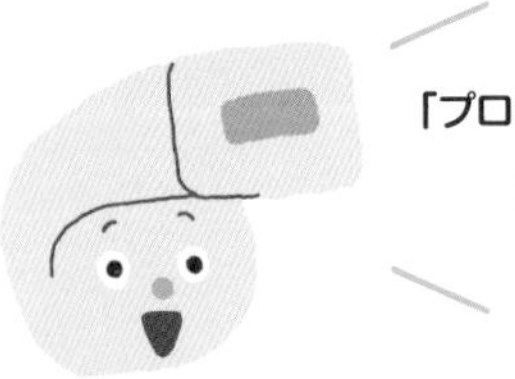

「プログレッシング・ウィズ・ザ・ボール」は、
「ボールを持《も》った状態《じょうたい》で進《すす》む」
という意味《いみ》だよ

2歩目《ほめ》（左足着地《ひだりあしちゃくち》）

ショットへ。ボールを持《も》ったまま着地《ちゃくち》するとトラベリング

「ゼロステップ」の例《れい》

試合《しあい》での動《うご》きを
イメージして
みよう

写真《しゃしん》1ではドリブルの一連《いちれん》の動《うご》きのなかで足《あし》（左足《ひだりあし》）がフロアについているときにボールを保持《ほじ》しているが、これはゼロステップとなりカウントしない。写真《しゃしん》2でついた右足《みぎあし》がピボットフットとなり、写真《しゃしん》3が2歩目《ほめ》となり、写真《しゃしん》4のように、踏《ふ》み切《き》ってショットやパスをすればトラベリングではない。ただし、もし写真《しゃしん》4のあとでショットやパスをせずにボールを持《も》ったまま着《ちゃく》地《ち》してしまうとトラベリングになる。

1

動《うご》きのなかでボールを保持《ほじ》した
左足《ひだりあし》が「ゼロ」となる

2

1歩目《ぽめ》（右足《みぎあし》がピボットフットになる）

攻撃側《こうげきがわ》は制限区域内《せいげんくいきない》に3秒以上《びょういじょう》とどまれない

攻撃側《こうげきがわ》のプレーヤーは、制限区域内《せいげんくいきない》に3秒《びょう》を超《こ》えてとどまれません。これが「3秒《びょう》ルール」です。長身《ちょうしん》プレーヤーなどが相手《あいて》ゴール下《した》で待《たい》機《き》し続《つづ》けるのをふせぐためのルールです。バイオレーションにならない条件《じょうけん》は、次《つぎ》の3つです。

❶その選手《せんしゅ》が制限区域《せいげんくいき》から出《で》ようとしているとき

❷その選手《せんしゅ》かチームメートがショットの動作中《どうさちゅう》で、ボールが手《て》から離《はな》れたか、離《はな》れようとしているとき

❸3秒未満《びょうみまん》の間《あいだ》、制限区域内《せいげんくいきない》にいたあと、ショットをするためにドリブルをしているとき

3秒《びょう》ルールについて

※ボールがフロントコートにあるとき

3秒《びょう》ルールの対象《たいしょう》

両足《りょうあし》とも制限区域内《せいげんくいきない》に入《はい》っている

✕ 3秒《びょう》ルールの対象《たいしょう》

左足《ひだりあし》は制限区域外《せいげんくいきがい》にあるが、右足《みぎあし》がラインを踏《ふ》んでいる

○ 3秒《びょう》ルールの対象《たいしょう》にならない

両足《りょうあし》が完全《かんぜん》に制限区域《せいげんくいき》から出《で》ているので、秒数《びょうすう》はカウントされない。カウントがリセットされるのはこの状態《じょうたい》になったとき。片足《かたあし》でも制限区域内《せいげんくいきない》に入《はい》っていたり、ラインを踏《ふ》んだまま3秒《びょう》を超《こ》えたりすればバイオレーションになる

制限区域《せいげんくいき》に入《はい》っても
3秒以内《びょういない》に出《で》ようとする
動《うご》きを始《はじ》めれば、
バイオレーションに
ならないんだね

ボールを持《も》ったら5秒《びょう》以内《いない》にパスなどをする

相手《あいて》チームのプレーヤーに積極《せっきょく》的《てき》に守《まも》られているとき、ボールを持《も》っているプレーヤーは5秒《びょう》以内《いない》にパス、ドリブル、ショットをしなければなりません。これが「5秒《びょう》ルール」です。勝《か》っているチームが意図《いと》的《てき》に時間稼《じかんかせ》ぎをしないように、ゲーム展開《てんかい》を早《はや》くするためのルールです。

©Getty Images

1人《ひとり》のプレーヤーがボールを長《なが》い時間《じかん》保持《ほじ》していて止《と》まっている状態《じょうたい》は認《みと》められないんだって

知《し》ってる？

「1メートル以内《いない》」が条件《じょうけん》

相手《あいて》チームの選手《せんしゅ》が積極的《せっきょくてき》に守《まも》っていないときは、バイオレーションにはなりません。バイオレーションになる条件《じょうけん》は、1メートル以内《いない》の正《ただ》しい位置《いち》で積極的《せっきょくてき》に守《まも》っているときです。

5秒《びょう》ルール（オンコート）について

○ 適用《てきよう》されない

相手《あいて》の選手《せんしゅ》が1メートル以上《いじょう》離《はな》れているときは、ボールを持《も》ったままでも5秒《びょう》ルールは適用《てきよう》されない

× 適用《てきよう》される（積極的《せっきょくてき》な守備《しゅび》）

1メートル以内《いない》の距離《きょり》で積極的《せっきょくてき》に守《まも》っているので、この状態《じょうたい》でボールを持《も》ったまま5秒《びょう》を超《こ》えるとバイオレーションになる

8秒《びょう》以内《いない》にフロントコートへボールを進《すす》める

　バックコート（自《じ》チームの陣地《じんち》）でライブのボールをコントロールしたら、8秒以内《びょういない》にボールをフロントコート（相手《あいて》チームの陣地《じんち》）に運《はこ》ばなければなりません。これが8秒《びょう》ルールです。

　ポイントになるのは、カウントを開始《かいし》するタイミングとカウントが終了《しゅうりょう》する条件《じょうけん》です。8秒《びょう》を超《こ》えてしまうとバイオレーションになります。

8秒《びょう》ルールのカウントについて

1 カウントのスタート

8秒《びょう》のカウントを始《はじ》めるのは、バックコートで自分《じぶん》たちがボールをコントロールしたとき

バックコートでスローインのボールをさわったときや、相手《あいて》チームからボールを取《と》ったときにカウントがスタートするんだね

2 片足《かたあし》が残《のこ》っているとカウントが続《つづ》く

ドリブルしているボールがフロントコートにふれても、片足《かたあし》がバックコートに残《のこ》っているとフロントコートに進《すす》んだことにはならないので、カウントは続《つづ》く

3 両足《りょうあし》がフロントコートに入《はい》ればOK《オーケー》

カウントが終了《しゅうりょう》するのは両足《りょうあし》とボールが完全《かんぜん》にフロントコートにふれたときなど

知《し》ってる?

パスを受《う》けたときもOK《オーケー》

両足《りょうあし》がフロントコートにふれたプレーヤーがパスなどのボールにふれたときも、上《うえ》の③と同《おな》じようにカウントが終了《しゅうりょう》します。

ただし、パスのボールがフロントコートの空中《くうちゅう》に入《はい》っても、プレーヤーがさわらなければカウントは継続《けいぞく》されます。

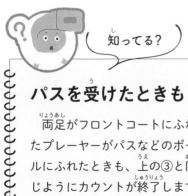

24秒《びょう》以内《いない》にゴールを成功《せいこう》させるかリングに当《あ》てる

コート上《じょう》でライブのボールをコントロールしたら、24秒《びょう》以内《いない》にショットをしなければなりません。これが「24秒《びょう》ルール」です。24秒《びょう》をカウントするタイマーを「ショットクロック」といいます。

8秒《びょう》ルールと同《おな》じように、カウントを開始《かいし》するタイミングとカウントが終了《しゅうりょう》する条件《じょうけん》をおぼえましょう。

ショットクロック

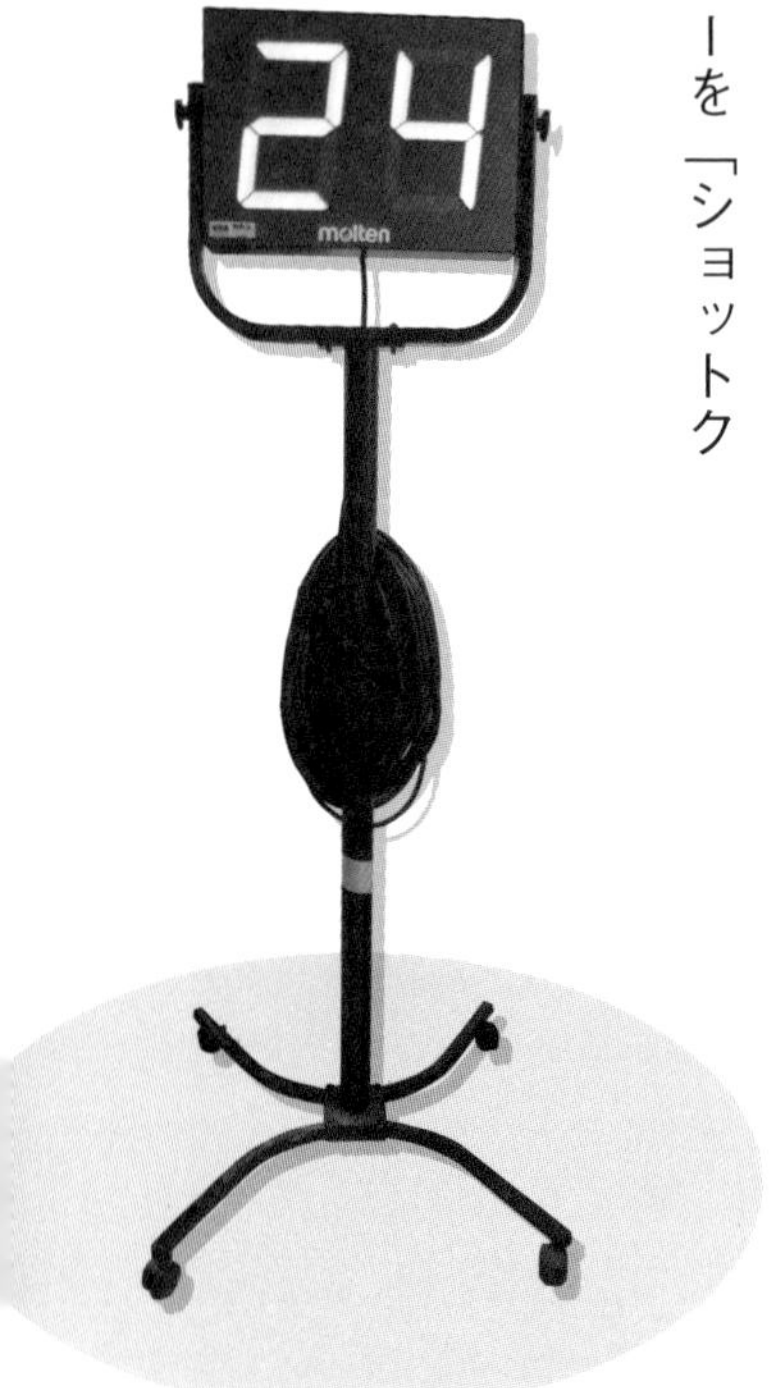

こんなときはどうなる?

ショットのあとにブザーが鳴《な》ったら?

ショットされたボールが空中《くうちゅう》にあるときにショットクロックのブザーが鳴《な》ったときは、少《すこ》し複雑《ふくざつ》なルールがあります。その後《ご》ボールがリングにふれたらバイオレーションではなく、ブザーはなかったこととしてゲームは続行《ぞっこう》されます。リングにふれなかったらバイオレーションになりますが、それを相手《あいて》チームが明《あき》らかにコントロールしたときに限《かぎ》りゲームは続行《ぞっこう》されます。

24秒《びょう》ルールについて

1 カウントのスタート

カウントを開始《かいし》するのは、コート上《じょう》でボールをコントロールしたとき

2 24秒以内《びょういない》にショットしたとする条件《じょうけん》

● ショットクロックのブザーが鳴《な》る前《まえ》にボールがプレーヤーの手《て》から離《はな》れている

● ボールがプレーヤーの手《て》から離《はな》れたあとリングにふれるか、バスケットに入《はい》る

3 リバウンドを攻撃側《こうげきがわ》が保持《ほじ》したとき

ショットしたボールがリングにふれて、リバウンドを攻撃側《こうげきがわ》がコントロールしたとき、リセットされるタイマーは14秒《びょう》になる（14秒以内《びょういない》にショットしなければならない）

ファウルが起《お》きたときのカウントのあつかい

攻撃側《こうげきがわ》がボールを保持《ほじ》しているときに守備側《しゅびがわ》のチームがファウルした場合《ばあい》、起《お》きた場所《ばしょ》やショットクロックの残《のこ》り時間《じかん》によってリセットの方《ほう》法《ほう》が違《ちが》います。

攻撃側《こうげきがわ》のバックコートでファウルがあって、スローインがバックコートでおこなわれるときは24秒《びょう》にリセットされます。フロントコートでファウルがあったときは、ショットクロックが13秒《びょう》以下《いか》なら14秒《びょう》にリセットされますが、14秒《びょう》以上残《いじょうのこ》っているときはそのまま継続《けいぞく》されます。

©Getty Images

守備側《しゅびがわ》が
ファウルした場所《ばしょ》によって、
カウントのあつかいは
変《か》わるんだね

知《し》ってる？

ミニバスはつねに24秒《びょう》にリセット

ミニバスではフロントコートとバックコートという区別《くべつ》をしていないので8秒《びょう》ルールはありません。また、ショットクロックをリセットするときはつねに24秒《びょう》です。

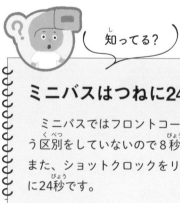

攻撃側《こうげきがわ》が守備側《しゅびがわ》にファウルされたときの対応例《たいおうれい》

バックコートでファウルがあってバックコートでスローインがおこなわれる場合《ばあい》

➡**24秒《びょう》にリセットされる**

フロントコートでファウルがあった場合《ばあい》

● **ショットクロックの残《のこ》り時間《じかん》が14秒《びょう》以上《いじょう》**
➡**そのまま継続《けいぞく》する**
● **13秒《びょう》以下《いか》**
➡**14秒《びょう》にリセットされる**

ボールをバックコートに戻《もど》してはいけない

攻撃側《こうげきがわ》がフロントコートでコントロールしていたボールを、同《おな》じチームのプレーヤーがバックコートで最初《さいしょ》にふれると「バックコートバイオレーション」になります。パスを直接《ちょくせつ》バックコートに出《だ》すのはもちろんですが、ドリブルしながらバックコートに戻《もど》るのも違反《いはん》です。

ただし、パスカットなどで守《しゅ》備側《びがわ》の選手《せんしゅ》が最後《さいご》にさわったボールに攻撃側《こうげきがわ》がバックコートでふれたときは適用《てきよう》されません。

× バックコートバイオレーション

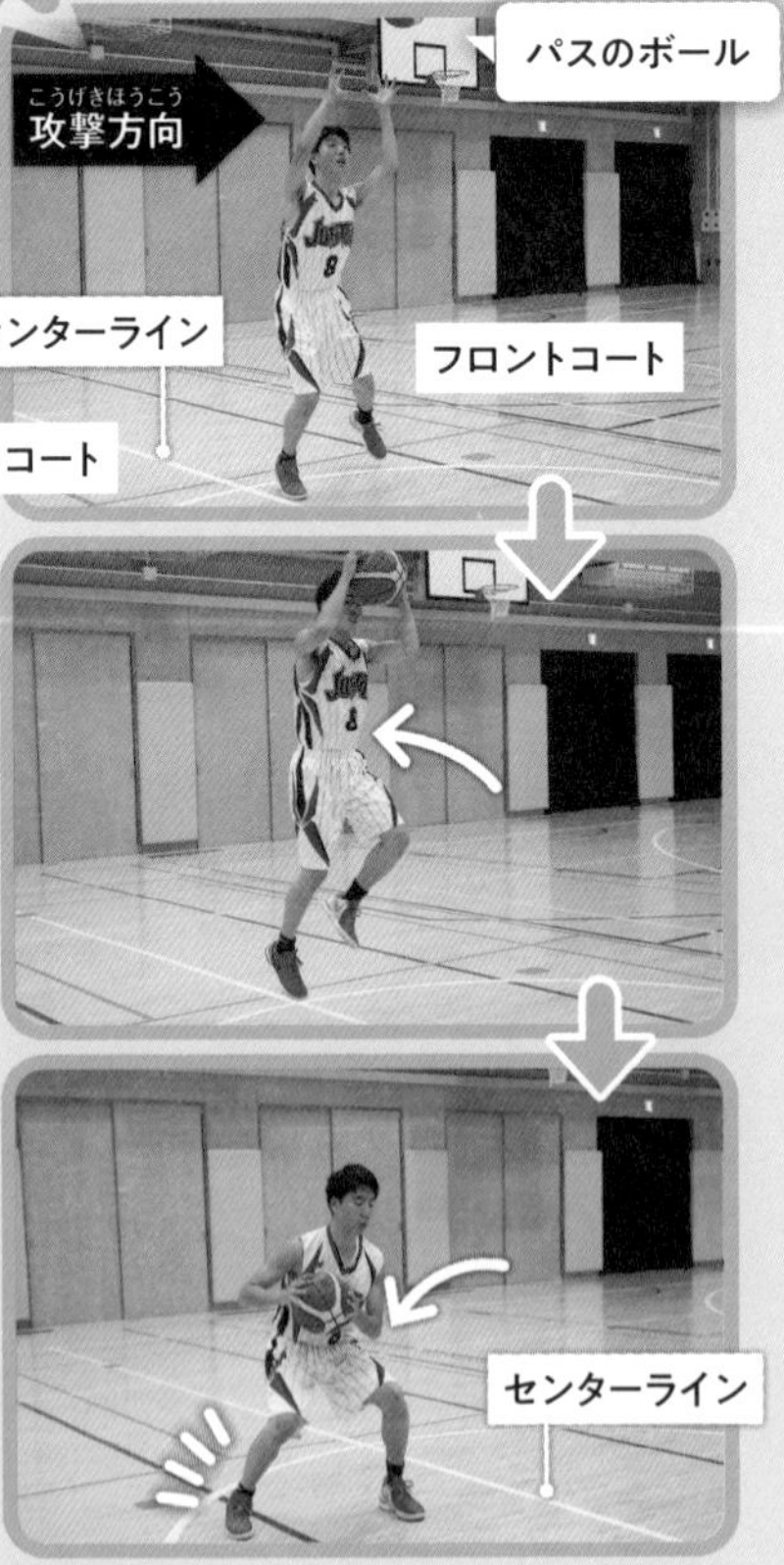
バックコート

フロントコートでパスされたボールを、攻撃側《こうげきがわ》の選手《せんしゅ》がバックコートでキャッチした

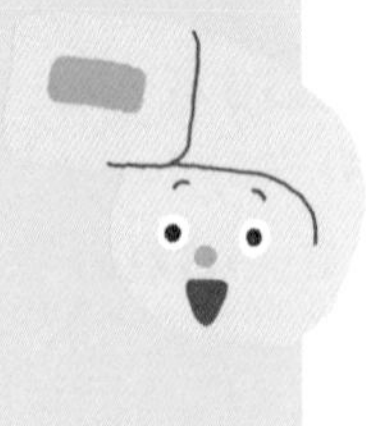
時間《じかん》をなるべくかけずに
攻撃《こうげき》することを促《うなが》す
ルールだね

こんなときはどうなる？

バックコートバイオレーションではない

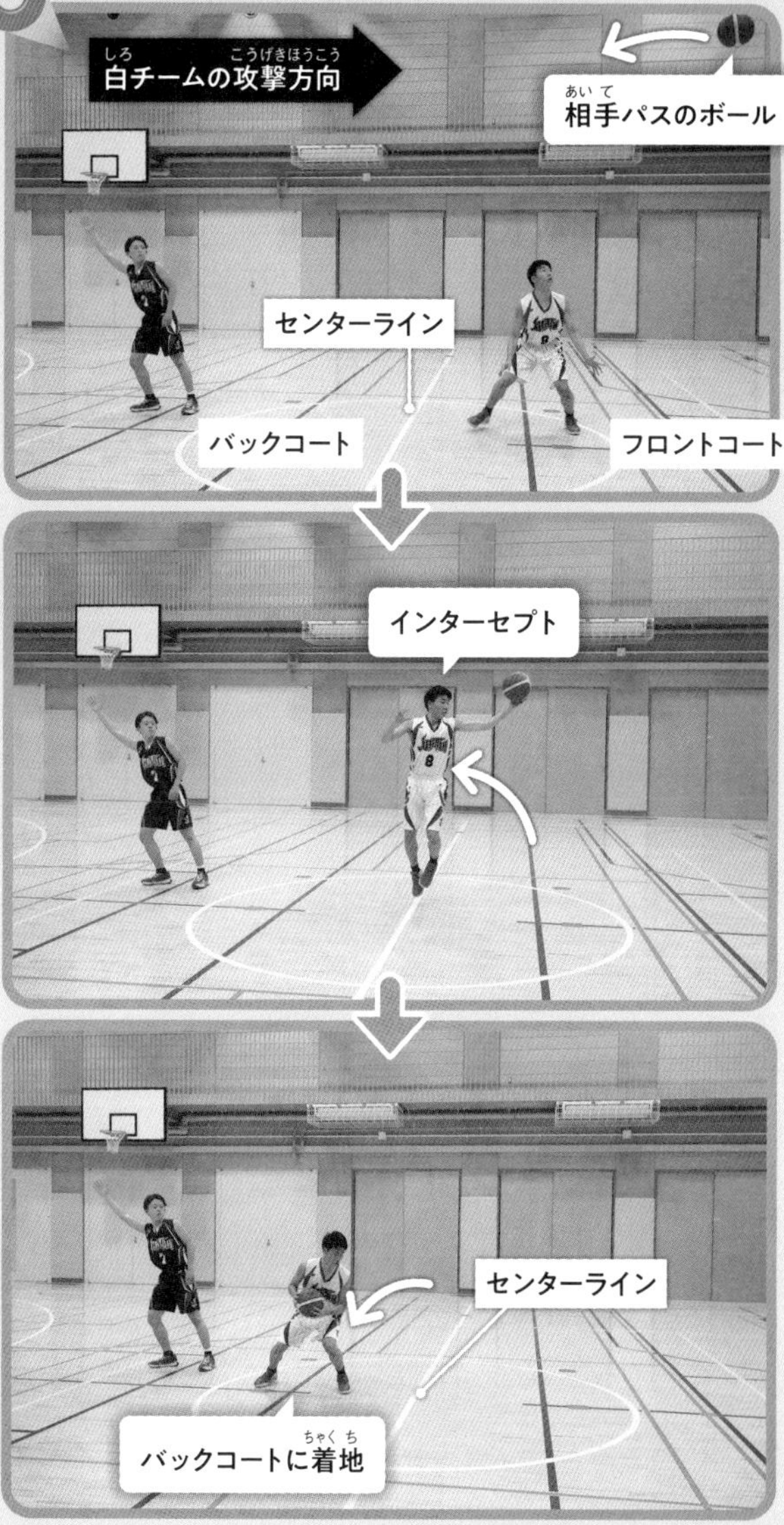

白《しろ》チームが紺《こん》チームのパスをインターセプト。フロントコートで踏《ふ》み切《き》ってボールをキャッチしてバックコートに着地《ちゃくち》した

ミニバス POINT

バックコートバイオレーションのルールはない

60ページでも紹介《しょうかい》したように、フロントコートとバックコートの区別《くべつ》をしないミニバスでは、バックコートバイオレーションのルールもない

ショットの落下中《らっかちゅう》のボールにはさわれない

ショットされたボールが最高点《さいこうてん》を越《こ》えて落《お》ち始《はじ》めていて、さらにゴールの高《たか》さよりも上《うえ》にあるときにボールにさわると、「ゴールテンディング」というバイオレーションになります。またボールが最《さい》高点《こうてん》に達《たっ》する前《まえ》でも、ショットされたボールがバックボードに当《あ》たったあとでボールにふれた場合《ばあい》、ゴールテンディングになります。ショットが終《お》わってからボールにかかわってゴールをじゃまするのをふせぐためのルールです。

ゴールテンディングについて

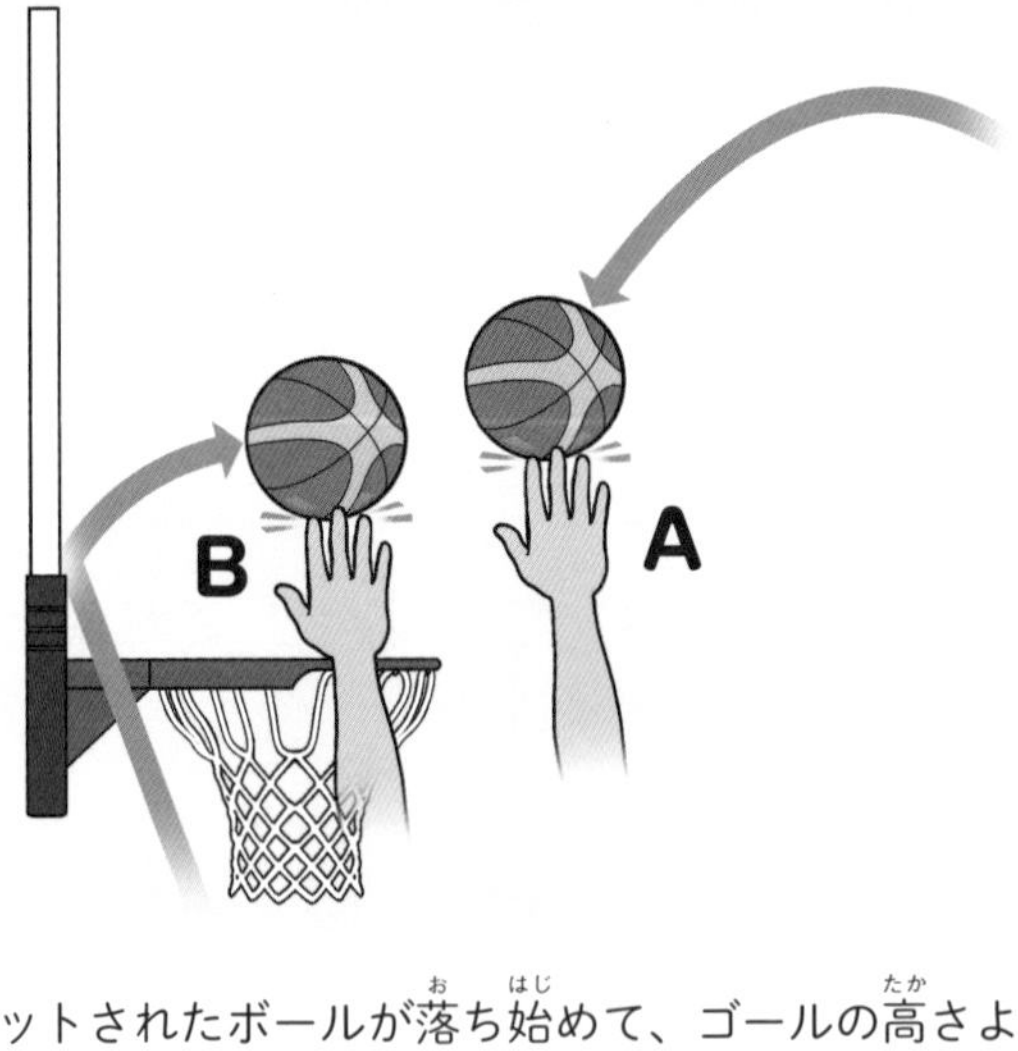

ショットされたボールが落《お》ち始《はじ》めて、ゴールの高《たか》さよりも上《うえ》にあるときにボールにさわるとゴールテンディングになる（イラスト内《ない》A）。バックボードに当《あ》たったあとでボールにふれるのもゴールテンディングになる（イラスト内《ない》B）。バスケットに入《はい》る可能性《かのうせい》がなくなったり、リングに当《あ》たったりすればボールにさわってもよい。また、パスのボールは最高点《さいこうてん》に達《たっ》したあとでもふれてよい。

再開方法《さいかいほうほう》を知《し》っておこう

ゴールテンディングを攻撃側《こうげきがわ》か守備側《しゅびがわ》のどちらがおかしたかによって、その後《あと》の対応《たいおう》が異《こと》なる。

攻撃側《こうげきがわ》のゴールテンディング

ショットが成功《せいこう》しても得点《とくてん》は認《みと》められない。フリースローラインの延長線上《えんちょうせんじょう》から相手《あいて》のスローインで再開《さいかい》する

守備側《しゅびがわ》のゴールテンディング

ゴールの成否《せいひ》にかかわらず得点《とくてん》が認《みと》められ、エンドラインから守備側《しゅびがわ》のスローインで再開《さいかい》する

場所《ばしょ》は違《ちが》うけど、どちらも相手側《あいてがわ》のスローインで再開《さいかい》されるんだね

知《し》ってる？

最高点《さいこうてん》に達《たっ》する前《まえ》ならさわってよい

ショットされたボールが最高《さいこう》点《てん》に達《たっ》していないときはボールにふれてもOK《オーケー》。「ブロックショット」という、ディフェンスにとって重要《じゅうよう》な技術《ぎじゅつ》です。

©Getty Images

ショットされたボールが上昇《じょうしょう》しているときはさわることができる

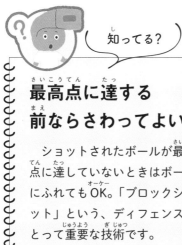

バスケットなどにふれて得点《とくてん》を妨害《ぼうがい》する違反《いはん》

ショットしたボールがリングにふれているときに、プレーヤーがバスケットやバックボードにふれると、「インタフェアレンス」というバイオレーションになります。リングやバックボールを揺《ゆ》らしたりして、相《あい》手《て》の得点《とくてん》をじゃまするのを

インタフェアレンスについて

× バックボードにさわる

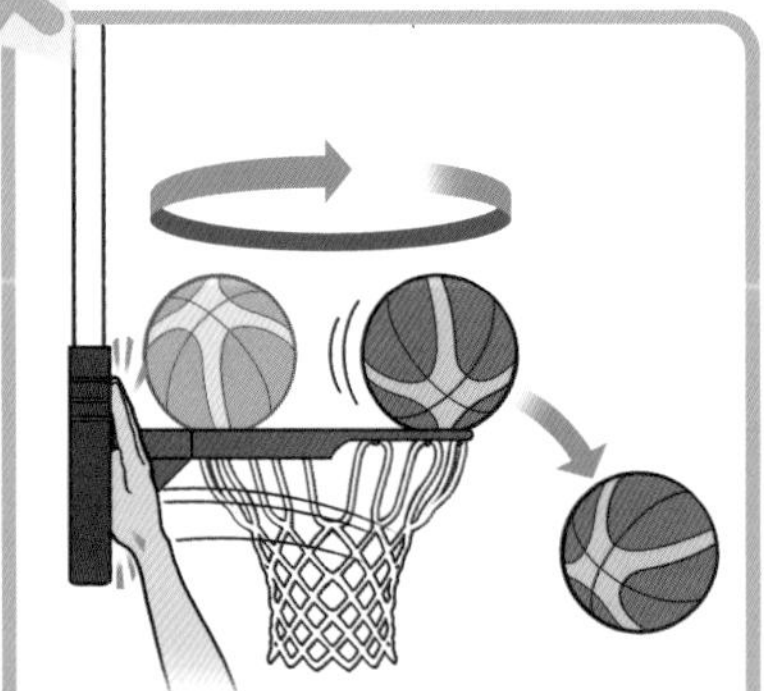

× バスケットにさわる

ボールがリングにふれているときにリングを揺《ゆ》らしたり、ボードをたたくのはインタフェアレンス。振動《しんどう》でボールの軌道《きどう》が変《か》わってしまう（イラスト左《ひだり》）。バスケットの下《した》から手《て》を入《い》れてボールにふれるのもインタフェアレンスだ（イラスト右《みぎ》）。

また、バスケットを揺《ゆ》らしたりつかんだりしたのが理由《りゆう》でバスケットに入《はい》った（入《はい》るのがさまたげられた）と判断《はんだん》されたときもインタフェアレンスになる。

ふせぐためのルールです。ゴールテンディングと同《おな》じで、違反《いはん》をしたのが攻撃《こうげき》側《がわ》か守備側《しゅびがわ》かでその後《ご》の対《たい》応《おう》が変《か》わります。

インタフェアレンスには「じゃま」という意味《いみ》があるよ

©Getty Images

再開方法《さいかいほうほう》を知《し》っておこう

インタフェアレンスを攻撃側《こうげきがわ》か守備側《しゅびがわ》のどちらがおかしたかによって、その後《ご》の対応《たいおう》が異《こと》なる。

攻撃側《こうげきがわ》のインタフェアレンス	ショットが成功《せいこう》しても得点《とくてん》は認《みと》められない。フリースローラインの延長線上《えんちょうせんじょう》から相手《あいて》のスローインで再開《さいかい》する
守備側《しゅびがわ》のインタフェアレンス	ゴールの成否《せいひ》にかかわらず得点《とくてん》が認《みと》められ、エンドラインから守備側《しゅびがわ》のスローインで再開《さいかい》する

知《し》ってる？

リングにふれたあとでも適用《てきよう》される

ショットしたボールがリングにふれたあとでも、まだバスケットに入《はい》る可能性《かのうせい》が残《のこ》っているときにプレーヤーがふれた場合《ばあい》は、インタフェアレンスになります。

こんなときはどうなる？

ドリブル編《へん》

1 パスをファンブルしてボールが床《ゆか》についたら？

味方《みかた》のパスをキャッチしそこねてファンブルした場合《ばあい》、ボールが床《ゆか》についてもドリブルにはなりません。キャッチし直《なお》したあと、ドリブルができます。でも、ドリブルが終《お》わったときにファンブルしたら、新《あら》たなドリブルはできません。

2 相手《あいて》のパスをカットしたボールが床《ゆか》についたら？

ファンブルと同《おな》じで、これもドリブルとはみなされません。キャッチし直《なお》して、そこからドリブルを始《はじ》めてもダブルドリブルにはなりません。

3 ドリブルが終《お》わってからボールがほかの選手《せんしゅ》に当《あ》たって、ふたたびキャッチしたら？

相手選手《あいてせんしゅ》がパスカットやスティール、またはブロックショットをしてボールにふれたあと、もう一度《いちど》ボールをコントロールすれば、またドリブルできるようになります。

4 ドリブルのあとショットして、リングに当《あ》たらなかったボールをもう一度《いちど》キャッチしたら？

審判《しんぱん》がショットと判断《はんだん》したら問題《もんだい》ありません。でも、わざと空中《くうちゅう》に投《な》げて自分《じぶん》でキャッチしたと判断《はんだん》されるとバイオレーションになります。

第《だい》3章《しょう》

ファウル

不当《ふとう》な体《からだ》の接触《せっしょく》、スポーツマンらしくない行為《こうい》

違反《いはん》のなかでも、不当《ふとう》な体《からだ》の接触《せっしょく》やスポーツマンらしくない行為《こうい》がファウルです。そのうち、体《からだ》の接触《せっしょく》によるファウルを「パーソナルファウル」といいます。パーソナルファウルをおかすと相手《あいて》にスローインが与《あた》えられます。パーソナルファウルはプレーヤーごとに累積《るいせき》していき、1試合《しあい》で5回目《かいめ》をおかしたときにその選手《せんしゅ》は退場《たいじょう》になります。同《どう》

ファウルの種類《しゅるい》

パーソナルファウル（体《からだ》の接触《せっしょく》によるファウル）

- プッシング……P78～79
- ホールディング……P80～81
- イリーガルユースオブハンズ……P82～83
- ハンドチェック……P84～85
- シリンダーファウル……P86～87
- チャージング……P88～89
- ブロッキング……P90～91
- イリーガルスクリーン……P92～93
- フェイクファウル……P94～95
- ダブルファウル……P96～97
- スローインファウル……P100～101

スポーツマンらしくないファウル

- テクニカルファウル……P102～103
- アンスポーツマンライクファウル……P104～105
- ディスクォリファイングファウル……P106～107
- ファイティング

時《じ》に、チームファウルとしてもカウントされ、各《かく》クォーターで5回《かい》目《め》以降《いこう》は相手《あいて》チームにフリースローが与《あた》えられます。

知《し》ってる?

ボールがデッドの状況《じょうきょう》でもファウルはある

各《かく》クォーター終了《しゅうりょう》のブザーが鳴《な》ってボールがデッドになったあとでも、テクニカルファウル、アンスポーツマンライクファウル、ディスクォリファイングファウルがあったときは宣告《せんこく》されることがあるよ。

ファウル数《すう》について（パーソナル[個人《こじん》]、チーム）

パーソナルファウル

プレーヤーがファウルをおかすと、写真《しゃしん》の表示盤《ひょうじばん》がスコアラーによって掲《かか》げられ、プレーヤーごとに回《かい》数《すう》が記録《きろく》される（その選手《せんしゅ》が1回《かい》目《め》のファウルの場合《ばあい》、「1」の札《ふだ》があげられる）。5回目《かいめ》をおかすとその選手《せんしゅ》は退場《たいじょう》になり、以降《いこう》はその試合《しあい》には出場《しゅつじょう》できない

チームファウル

写真《しゃしん》の表示盤《ひょうじばん》に、チームとしておかした回数《かいすう》を記録《きろく》する（ブロックのように積《つ》み上《あ》げられる）。各《かく》クォーターで5回目《かいめ》のファウルからは、ファウルのたびに相手《あいて》チームにフリースローが与《あた》えられる（5回目以降《かいめいこう》は左《ひだり》の赤《あか》い筒《つつ》がかぶせられる）。クォーターが終了《しゅうりょう》するとリセットされる。延長《えんちょう》の場合《ばあい》は、第《だい》4クォーターの数《かず》を持《も》ち越《こ》す

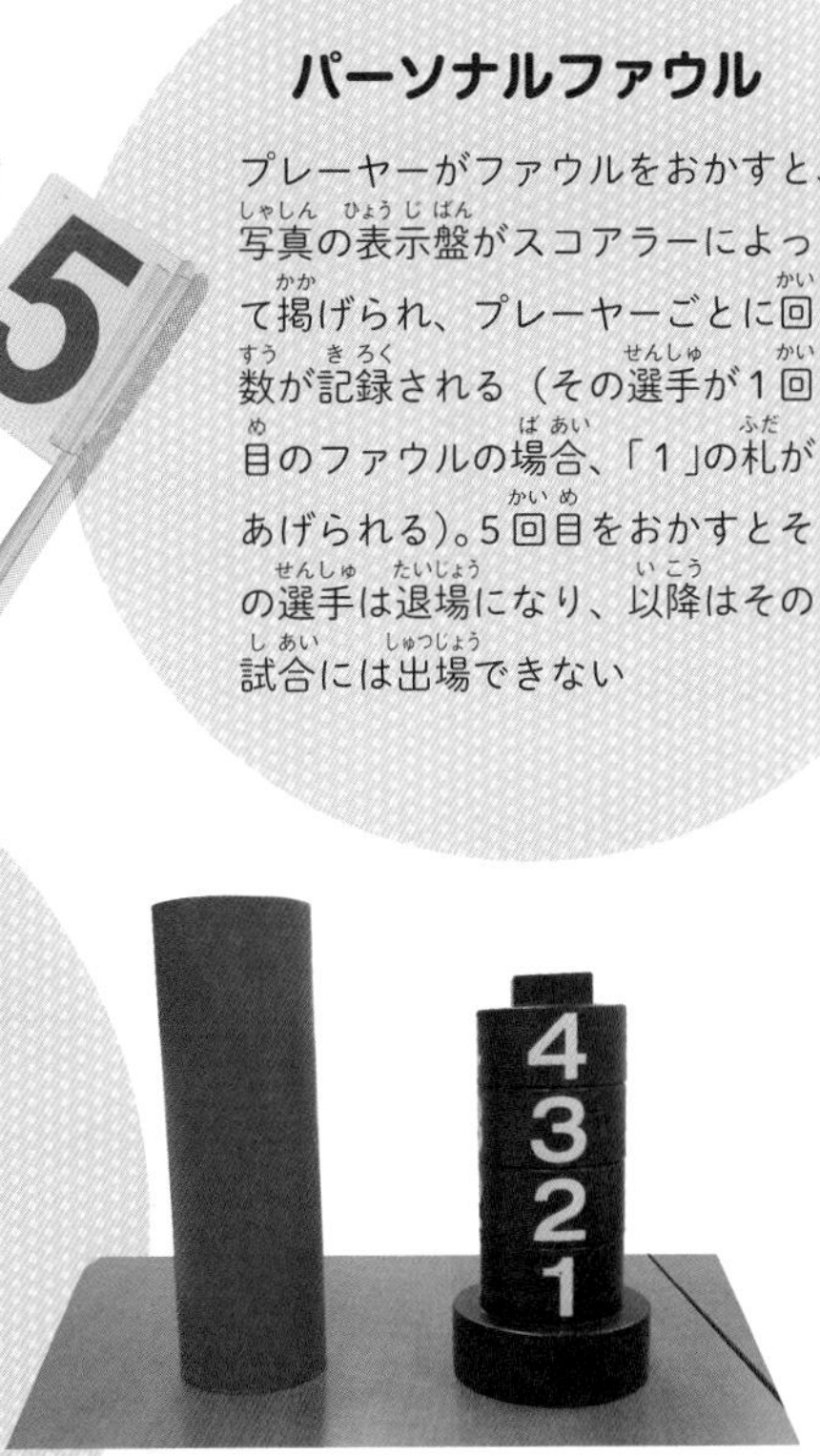

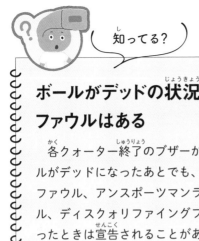

プレーヤーをおおう架空《かくう》の円筒形《えんとうけい》の空間《くうかん》

ファウルを理解《りかい》するために、まず「シリンダー」というプレーヤーに与《あた》えられた架空《かくう》の空間《くうかん》を整理《せいり》しておきましょう。

シリンダーは体《からだ》をおおう円《えん》筒形《とうけい》の空間《くうかん》で、垂直《すいちょく》に伸《の》ばした真上《まうえ》の空間《くうかん》も含《ふく》まれます。ボールを持《も》っているか、持《も》っていないかなどによって細《こま》かい決《き》まりがあります。

相手《あいて》のシリンダーを不当《ふとう》におかすとファウルになります。

シリンダーの考《かんが》えかた

ボールを持《も》っているプレーヤーのシリンダー（攻撃側《こうげきがわ》）

写真《しゃしん》の赤線《あかせん》の円筒《えんとう》がシリンダーとなる

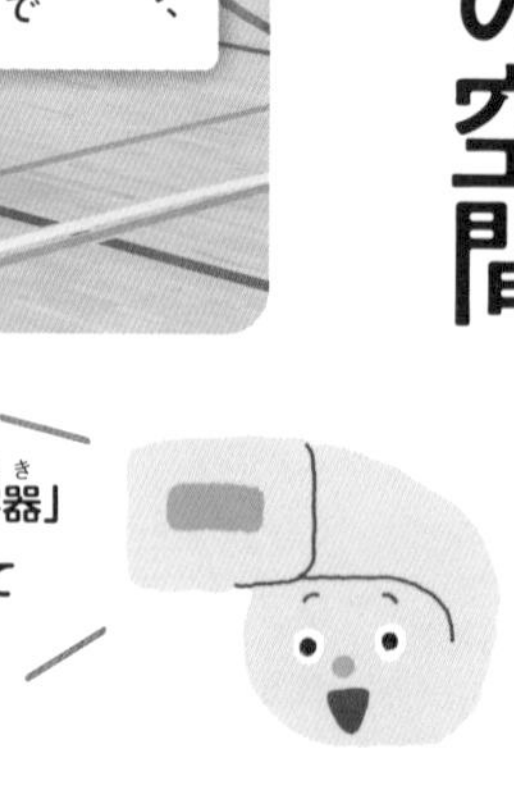

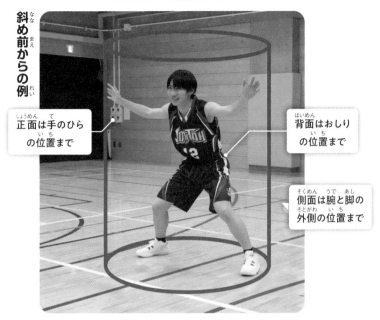

ボールを持《も》っていないプレーヤーのシリンダー
（攻撃側《こうげきがわ》、守備側《しゅびがわ》とも）

斜《なな》め前《まえ》からの例《れい》

正面《しょうめん》は手《て》のひら
背面《はいめん》はおしり
の位置《いち》まで
側面《そくめん》は腕《うで》と脚《あし》の
外側《そとがわ》の位置《いち》まで

横《よこ》からの例《れい》

上《うえ》と同《おな》じように、
写真《しゃしん》の赤線《あかせん》の円筒《えんとう》
がシリンダー

参考《さんこう》ページ P83、86−87 シリンダーファウル

ボールを保持《ほじ》しているプレーヤーへの防御《ぼうぎょ》

ディフェンスのプレーヤーは、リーガルガーディングポジションで守《まも》らなければなりません。リーガルガーディングポジションとは、相手《あいて》のプレーヤーに正対《せいたい》して、両足《りょうあし》がコートについた状態《じょうたい》です。

リーガルガーディングポジションを占《し》めたプレーヤー(ディフェンス)に対《たい》して、相手《あいて》のドリブラーによって胴体《どうたい》の接触《せっしょく》があった場合《ばあい》、ディフェンスはファウルを宣告《せんこく》されることはありません(=ディフェンスにふれ合《あ》いの責任《せきにん》はありません)。

リーガルガーディングポジションについて

リーガルガーディングポジション

ボールを持《も》ったプレーヤーに正対《せいたい》して、両足《りょうあし》をコートについた状態《じょうたい》がリーガルガーディングポジション

リーガルは「合法《ごうほう》の」という意味《いみ》があるよ。イリーガル(違法《いほう》の)とは反対《はんたい》の意味《いみ》だね

ファウル

リーガルガーディングポジションから肩《かた》・腰《こし》・足《あし》（脚《あし》）などを不当《ふとう》に使《つか》ったり（上写真《うえしゃしん》）、シリンダーの範囲《はんい》の外《そと》へ腕《うで》を広《ひろ》げ伸《の》ばしたりすることで（下写真《したしゃしん》）、わきを通《とお》るプレーヤーをさまたげるとファウルになる

ファウル

自分《じぶん》のシリンダーの外《そと》に腕《うで》を伸《の》ばして、相手《あいて》のシリンダーをおかすとファウルになる

近《ちか》すぎる位置《いち》にいてはいけない

ボールをコントロールしていないプレーヤーに対《たい》しても、ルールがあります。相手《あいて》の速《はや》さと距離《きょり》を考慮《こうりょ》して動《うご》かなければならず、相手《あいて》が止《と》まったりよけたりできないほど急《きゅう》に、また近《ちか》くの位置《いち》にいてはいけないということになっています。相手《あいて》から「1歩《ぽ》」の距離《きょり》がその位置《いち》のめやすになります。

1歩《ぽ》の距離《きょり》がめやすになる

正当《せいとう》なディフェンス

およそ1歩《ぽ》離《はな》れた位置《いち》でディフェンスが先《さき》に位置《いち》を占《し》める(写真《しゃしん》1)。そのあとでボールをコントロールしていないプレーヤーが動《うご》いてきて接触《せっしょく》が起《お》きても、正当《せいとう》なシリンダーを外《はず》れて伸《の》ばしたり広《ひろ》げたりした手《て》や足《あし》で起《お》きたものでなければファウルにはならない

ファウル（ディフェンス側《がわ》）

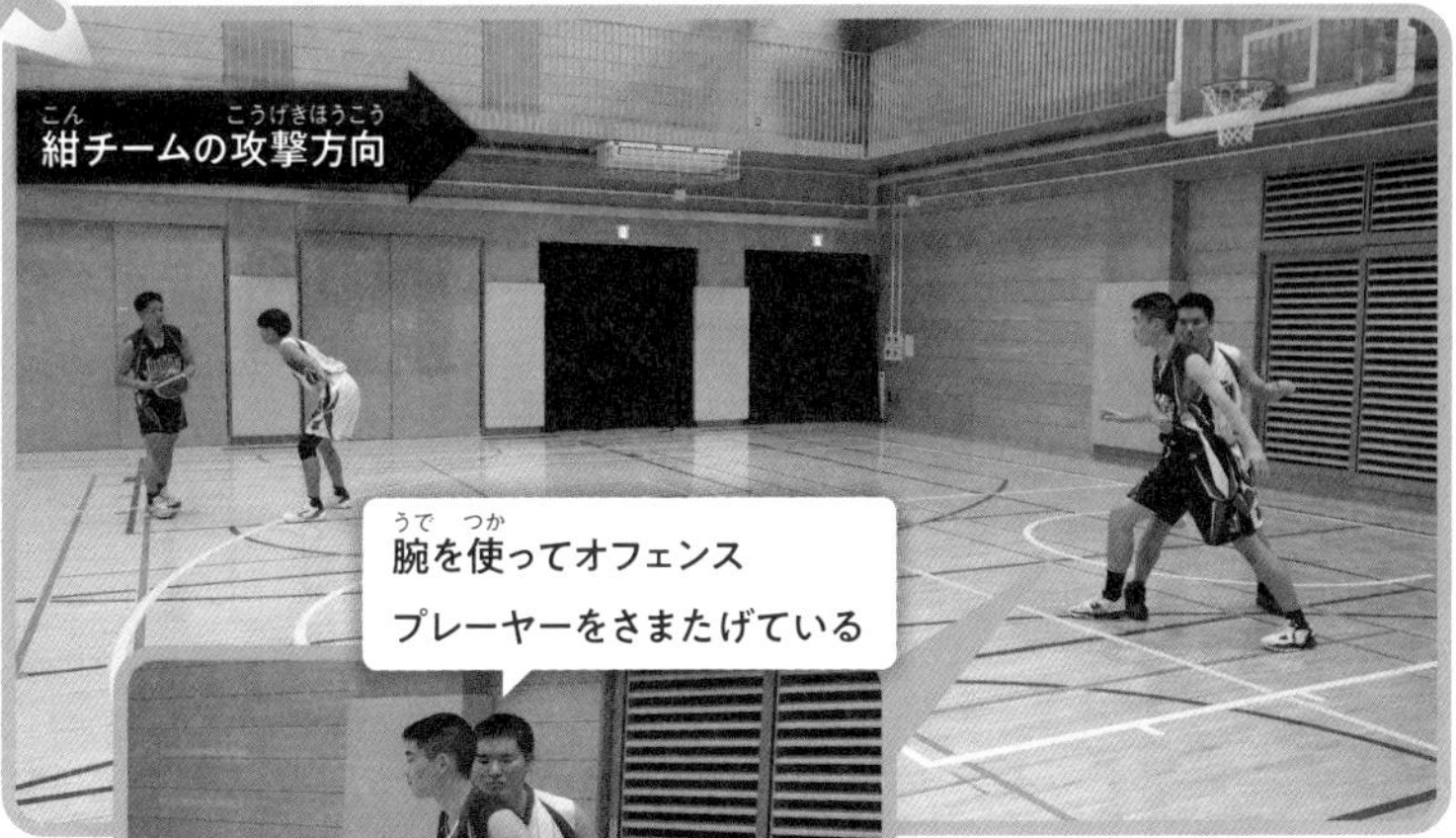

先《さき》に位置《いち》を占《し》めていても、腕《うで》を広《ひろ》げたり、肩《かた》、腰《こし》、足《あし》などを使《つか》って相手《あいて》プレーヤーの動《うご》きをさまたげるとファウル

ファウル（オフェンス側《がわ》）

腕《うで》を巻《ま》きつけてディフェンスプレーヤーをさまたげている

ディフェンスのプレーヤーが動《うご》こうとするのを、オフェンスプレーヤーが腕《うで》を巻《ま》きつけてふせごうとしているため、この場合《ばあい》はオフェンスプレーヤーのファウルになる

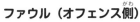

手《て》や体《からだ》で相手《あいて》を押《お》して動《うご》かそうとすること

相手《あいて》を手《て》や体《からだ》で押《お》すとプッシングというファウルになります。無理《むり》に押《お》しのけたときはもちろん、押《お》して動《うご》かそうとしたときもファウルの対象《たいしょう》になります。

相手《あいて》がボールをコントロールしているときだけではなく、ボールを持《も》っていなくてもプッシングの対象《たいしょう》になります。

知《し》ってる?

ファウルせずにリバウンド争《あらそ》いをするには

実際《じっさい》のゲームでは、リバウンドを争《あらそ》うときによりよいポジションを占《し》めようとするため、相《あい》手《て》に接触《せっしょく》します。このときに体《からだ》から手《て》を離《はな》して広《ひろ》げてしまうとファウルになりやすいので、なるべく手《て》を広《ひろ》げずに体《からだ》を相手《あいて》にくっつけてポジション取《ど》りをしましょう。相手《あいて》に体《からだ》をくっつけながら体《からだ》を回転《かいてん》させて内側《うちがわ》に入《はい》るようなプレーも有効《ゆうこう》です。

©Getty Images

手《て》を広《ひろ》げずに体《からだ》を相手《あいて》につけてポジション取《ど》りすることを「ボックスアウト」という

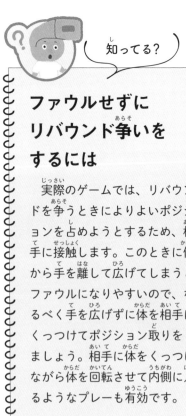

プッシングの例《れい》

写真《しゃしん》のように、
リバウンドの
ポジション争《あらそ》いで
起《お》きることが多《おお》い
ファウルだよ

相手《あいて》をつかまえて自由《じゆう》な動《うご》きをさまたげること

相手《あいて》プレーヤーの自由《じゆう》な動《うご》きを妨害《ぼうがい》する行為《こうい》は、「ホールディング」というファウルになります。手《て》で相手《あいて》をつかむのはもちろん、腕《うで》をからませるなども対象《たいしょう》で、体《からだ》のどの部分《ぶぶん》を使《つか》っても相《あい》手《て》の自由《じゆう》な動《うご》きを妨害《ぼうがい》すると、このファウルが適用《てきよう》されます。

ホールディングの例《れい》

ボールを持《も》っている相手《あいて》の腕《うで》をつかんで、プレーを妨害《ぼうがい》している

ホールド(hold)には、持《も》つ、抱《だ》きかかえる、つかむなどの意味《いみ》があるよ

気《き》をつけて

腕《うで》の位置《いち》を意識《いしき》しよう

写真《しゃしん》1のように、正面《しょうめん》から見《み》るとディフェンスは正当《せいとう》に守《まも》っているように見《み》える。しかし、写真《しゃしん》2のように後《うし》ろから背中《せなか》に腕《うで》が回《まわ》っていると、本人《ほんにん》はつかんでいないつもりでも審判《しんぱん》からはホールディングに見《み》えてしまう。写真《しゃしん》3のように、はっきりと相手《あいて》をつかんでいないというアピールをするのも賢《かしこ》い守《まも》りかただ。

ファウルを取《と》られる可能性《かのうせい》がある

ディフェンスの左腕《ひだりうで》（円内《えんない》）がもう少《すこ》し伸《の》びてオフェンスの選手《せんしゅ》の体《からだ》を抱《かか》えるようになると、ファウルを取《と》られる可能性《かのうせい》がある

ディフェンスの左腕《ひだりうで》が相手《あいて》の背中《せなか》に回《まわ》って、相手《あいて》をつかまえているように見《み》える

こうすれば ファウルは取《と》られにくい

ディフェンスは左腕《ひだりうで》をはっきりと上《あ》げることで、相手《あいて》にふれていないことが審判《しんぱん》にも伝《つた》わる

手《て》でたたくなどして相手《あいて》に不当《ふとう》にふれること

相手《あいて》を手《て》でたたいたり、手《て》や腕《うで》で相手《あいて》にふれたりして自由《じゆう》な動《うご》きをさまたげると、「イリーガルユースオブハンズ」というファウルになります。

ドリブルやシュートしようとする相手《あいて》を守《まも》ろうとするときや、ドリブルをするときに相手《あいて》の体《からだ》に腕《うで》を巻《ま》きつけるなどして起《お》きることが多《おお》いファウルです。

イリーガルユースオブハンズの例《れい》

ドリブルしている相手《あいて》の手《て》をたたくなどの行為《こうい》がイリーガルユースオブハンズだ

昔《むかし》は「ハッキング」と
いわれていた反則《はんそく》
なんだって

「シリンダー」の考《かんが》えがここでも当《あ》てはまる

自分《じぶん》のシリンダー（赤《あか》い円筒《えんとう》の線《せん》）から出《で》て、相手《あいて》の手《て》をたたくなどの接触《せっしょく》があるとファウルになる

ファウルではない

自分《じぶん》のシリンダー内《ない》で先《さき》にしっかりと手《て》を上《あ》げていれば、接触《せっしょく》があってもファウルにはならない

気《き》をつけて

角度《かくど》によってはファウルに見《み》られることも

ドリブルするプレーヤーの後方《こうほう》から手《て》を伸《の》ばしてボールを奪《うば》おうとするプレーなどは、たとえボールにしかさわっていなくても、後《うし》ろから見《み》た審判《しんぱん》にはファウルに映《うつ》ることがあるので注意《ちゅうい》しよう。

ボールのみにさわっていて正当《せいとう》なプレーだが、矢印《やじるし》のほうから審判《しんぱん》が見《み》た場《ば》合《あい》、ファウルに見《み》えることもある（この場合《ばあい》、左手《ひだりて》を使《つか》ってボールにプレーしたほうがファウルと見《み》られにくい）

ハンドチェック

手《て》で相手《あいて》にふれ続《つづ》けながら守《まも》ること

相手《あいて》選手《せんしゅ》の体《からだ》に手《て》でふれながら守《まも》ると、ケースによっては「ハンドチェック」というファウルになります。

対象《たいしょう》となるのは、

- 突《つ》き出《だ》した手《て》やのばした腕《うで》でふれる
- 繰《く》り返《かえ》しふれる
- ふれ続《つづ》ける

などのケースで、相手《あいて》を押《お》さえたり、引《ひ》っ張《ぱ》ったりしていなくてもファウルとなります。

ハンドチェックの例《れい》

ドリブルする相手《あいて》の胴体《どうたい》に右手《みぎて》の甲《こう》でふれており、この状態《じょうたい》が続《つづ》けばハンドチェックになる

気《き》をつけて

角度《かくど》によってはファウルを取《と》られやすい

写真《しゃしん》1では、ディフェンスがオフェンスの背中側《せなかがわ》に回《まわ》した右手《みぎて》は確認《かくにん》できない。写真《しゃしん》2で反対側《はんたいがわ》から見《み》ると背中《せなか》にふれているのが見《み》えるため、この状態《じょうたい》が続《つづ》けばハンドチェックのファウルになる。

この角度《かくど》ではディフェンスの右手《みぎて》がどうなっているか確認《かくにん》できない

後《うし》ろから見《み》ると、右手《みぎて》がふれているのがわかる

できるだけ相手《あいて》にプレッシャーをかける

ファウルではない

右手《みぎて》は相手《あいて》にふれていない

84ページの状況《じょうきょう》で、ディフェンスが相手《あいて》のヒザの内側《うちがわ》に手《て》を入《い》れても、ふれていなければファウルではない。ディフェンスがこの距離《きょり》でドリブラーについていくのは脚力《きゃくりょく》が必要《ひつよう》だが、ドリブラーからすればかなりのプレッシャーを与《あた》えられることになる

ドリブラーのシリンダーに入《はい》っていてもふれていなければファウルにならないね

相手《あいて》のシリンダーをおかして動《うご》きを制限《せいげん》すること

ボールを持《も》っている選手《せんしゅ》が正当《せいとう》なドリブル、パス、ショット、ピボットをしていたり、これからしようとしているとき、またはボールを持《も》っていない選手《せんしゅ》に対《たい》してディフェンスの選手《せんしゅ》がシリンダー空間《くうかん》をおかして接触《せっしょく》が起《お》きると、「シリンダーファウル」になります。

シリンダーファウルの例《れい》

ボールを持《も》った選手《せんしゅ》のシリンダーをおかして接触《せっしょく》を起《お》こし、動《うご》きを制限《せいげん》しているためシリンダーファウルになる

知《し》ってる？

相手《あいて》に近《ちか》づきすぎて起《お》きるファウル

ファウルとは基本的《きほんてき》に相手《あいて》のシリンダーをおかすことですが、シリンダーファウルはそのなかでもとくにドリブルをしていないプレーヤーに近接《きんせつ》して防御《ぼうぎょ》するときに「近《ちか》づきすぎてしまう」ことで起《お》きるものとして、新《あら》たに加《くわ》えられました。

シリンダーの考《かんが》えかたはポストプレーにも適用《てきよう》されます。ポストの位置《いち》を占《し》めているプレーヤーが、肩《かた》や腕《うで》で相手《あいて》を押《お》し出《だ》すことや伸《の》ばした手《て》などで相手《あいて》の自由《じゆう》な動《うご》きをさまたげることはファウルとなります。

著者提供

相手《あいて》に近《ちか》づきすぎてシリンダーをおかすと適用《てきよう》される（写真《しゃしん》はイメージ）

オフェンス、ディフェンスともにシリンダーの考《かんが》えかたがあるんだね

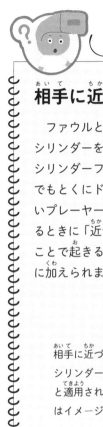

チャージング

正《ただ》しく守《まも》るディフェンスの胴体《どうたい》にぶつかること

正《ただ》しい姿勢《しせい》で守《まも》っている相手《あいて》の胴体《どうたい》（トルソー）に、ドリブルなどをしながらぶつかっていくと、「チャージング」というファウルになります。

オフェンスのチャージングとディフェンスのブロッキング（90〜91ページ）は、切《き》り離《はな》せない関係《かんけい》になっていて、どちらになるかはディフェンスが先《さき》に「リーガルガーディングポジション」を占《し》めて守《まも》っていたかどうかで判断《はんだん》されます。

チャージングの例《れい》

ドリブルしながら相手《あいて》の胴体《どうたい》にぶつかっていくとチャージングになる

知《し》ってる?

チャージングとブロッキングの基準《きじゅん》は?

チャージングかブロッキングかは、本文《ほんぶん》でもふれたようにディフェンスが正《ただ》しいディフェンスのポジションで守《まも》っているかどうか、また接触《せっしょく》が体《からだ》のどの部分《ぶぶん》で起《お》きたかで判断《はんだん》されます。正当《せいとう》なポジションのディフェンスにオフェンスからぶつかっていけばチャージングになりますし、反対《はんたい》にディフェンスが不当《ふとう》な姿勢《しせい》で妨害《ぼうがい》するとブロッキングになります。

©Getty Images

ディフェンスのポジションによってブロッキングかチャージングが判断《はんだん》される(写真《しゃしん》はイメージ)

ディフェンスが正《ただ》しい位置《いち》で防御《ぼうぎょ》していることがポイントだよ

ドリブルしながら無理《むり》に進《すす》もうとして相手《あいて》を押《お》しのけるのもチャージングだ

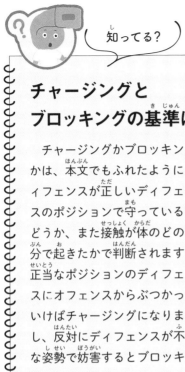

体《からだ》を使《つか》って相《あい》手《て》の進《しん》行《こう》をさまたげること

相《あい》手《て》の進《しん》行《こう》を体《からだ》の胴《どう》体《たい》以《い》外《がい》でさまたげるように接《せっ》触《しょく》が起《お》きると、「ブロッキング」のファウルになります。相《あい》手《て》がボールを持《も》っていても、持《も》っていなくても適《てき》用《よう》されます。ドリブルで進《すす》むプレーヤーに対《たい》して、そのコースに入《はい》ろうとしたディフェンスが遅《おく》れたときに起《お》きやすいファウルです。

ディフェンスが先《さき》にリーガルガーディングポジションを占《し》めていて、接《せっ》触《しょく》が胴《どう》体《たい》であったと審《しん》判《ぱん》が判《はん》断《だん》すれば、ディフェンスのファウルとされることはありません。

ブロッキングについて

ドリブルする相《あい》手《て》のコースに肩《かた》でぶつかって妨《ぼう》害《がい》している

知《し》ってる？

正《ただ》しい位置《いち》で腕《うで》を広《ひろ》げることは反則《はんそく》ではない

コート上《じょう》で正《ただ》しい位置《いち》を占《し》めているとき、腕《うで》を広《ひろ》げたりヒジを張《は》ったりすることは反《はん》則《そく》ではありませんが、相手選《あいてせん》手《しゅ》がわきを通《とお》り抜《ぬ》けようとするときには、腕《うで》やヒジを自分《じぶん》のシリンダーの中《なか》に収《おさ》めなくてはなりません。よけないでふれ合《あ》いが起《お》こったときは、ブロッキングもしくはホールディングになります。

©Getty Images

相手《あいて》が自分《じぶん》のわきを通《とお》り抜《ぬ》けるときは腕《うで》やヒジをシリンダーの中《なか》に収《おさ》める（写真《しゃしん》はイメージ）

相手《あいて》のシリンダーの中《なか》に不当《ふとう》に入《はい》り込《こ》むこともブロッキングになるんだって

相手《あいて》プレーヤーに正対《せいたい》して両足《りょうあし》を床《ゆか》につけていれば、リーガルガーディングポジションになる

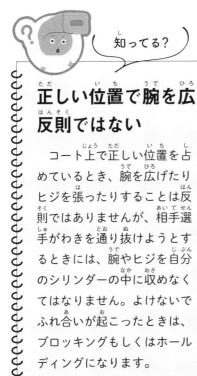

イリーガルスクリーン

不当《ふとう》にかけるスクリーンのこと

「スクリーン」とは、ボールを持《も》っていないオフェンスのプレーヤーが文《も》字通《じどお》り「壁《かべ》」となり、ディフェンスの進路《しんろ》をさまたげたり、移動《いどう》を遅《おく》らせたりするプレーです。ただし、スクリーンは正当《せいとう》な方法《ほうほう》でおこなわれないと、「イリーガルスクリーン」というファウルになります。

スクリーンについて

©Getty Images

正当《せいとう》なスクリーン

1. 止《と》まっていて、接触《せっしょく》が胴体内《どうたいない》である
2. 両足《りょうあし》がコートについている

不当《ふとう》なスクリーン

1. 動《うご》きながらスクリーンをかけて、接触《せっしょく》が起《お》きる
2. スクリーンをかけるプレーヤーの視野《しや》の外《そと》から十分《じゅうぶん》な距離《きょり》がなく接触《せっしょく》が起《お》きる
3. 動《うご》いているプレーヤーに、時間《じかん》と距離《きょり》を考慮《こうりょ》しないで接触《せっしょく》が起《お》きる

©Getty Images

左《ひだり》ページでスクリーンの例《れい》を紹介《しょうかい》するよ

スクリーンの例《れい》

相手《あいて》の視野《しや》の中《なか》で両《りょう》足《あし》をコートについて止《と》まっている

片足《かたあし》が浮《う》いているため、イリーガルスクリーンになる

両足《りょうあし》はコートについているが、広《ひろ》げた足《あし》に接触《せっしょく》があるのでイリーガルスクリーンになる

スクリーンの位置《いち》の占《し》めかた

1 ▸ 相手選手《あいてせんしゅ》の視野《しや》の中《なか》（前《まえ》や横《よこ》）でスクリーンをかけるとき、接触《せっしょく》が起《お》きなければ近《ちか》くで位置《いち》を占《し》めてもいい

2 ▸ 相手《あいて》の視野《しや》の外《そと》（後《うし》ろ）でスクリーンをかけるときは、1歩《ほ》の距離《きょり》を置《お》いて位置《いち》を占《し》めなければならない

3 ▸ 動《うご》いている相手《あいて》にスクリーンをかけるときは、1～2歩《ほ》の距離《きょり》を空《あ》けなければならない

フェイクファウル

ファウルを受《う》けたふりをして審判《しんぱん》をあざむくこと

相手《あいて》選手《せんしゅ》との接触《せっしょく》がなかったり、軽《かる》く接触《せっしょく》したりしただけなのに、ファウルされたふりをして、審判《しんぱん》をあざむこうとすることを「フェイクファウル」といいます。

1回目《かいめ》のフェイクファウルは、選手《せんしゅ》とベンチに注意《ちゅうい》が与《あた》えられることが多《おお》いです。2回目以降《かいめいこう》は、同《おな》じチ

フェイクファウルの例《れい》

相手《あいて》（ボール保持者《ほじしゃ》）のヒジがおなかに当《あ》たったかのように大《おお》げさにのけぞったりするとフェイクファウルになる

ームの別《べつ》のプレーヤーが宣《せん》告《こく》されたとしてもテクニカルファウルが宣告《せんこく》されます。

知《し》ってる?

フェイクファウルではなく ディフェンスのファウルになる

まったく接触《せっしょく》がないのにもかかわらず、明《あき》らかに大《おお》きく倒《たお》れて審判《しんぱん》をあざむくようなプレーは、1回目《かいめ》でもテクニカルファウル（102ページ）となります。

また、審判《しんぱん》に対《たい》してファウルを取《と》ってもらおうとして倒《たお》れ、その結果《けっか》、オフェンスプレーヤーがバランスを崩《くず》したようなときには、ディフェンスファウルを取《と》ることもあります。

少《すこ》しの接触《せっしょく》では
簡単《かんたん》に倒《たお》れないように
意識《いしき》することも
大切《たいせつ》だね

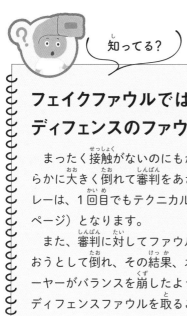

お互《たが》いのファウルがほぼ同時《どうじ》に起《お》きること

ダブルファウルは、両《りょう》チームの2人《ふたり》のプレーヤーがほとんど同時《どうじ》にファウルをおかしたときに宣《せん》告《こく》されます。審判《しんぱん》はどちらのファウルが先《さき》に起《お》きたかをできるだけ判定《はんてい》しようとしますが、それでも判断《はんだん》できなかったとき、または審判《しんぱん》の間《あいだ》で判断《はんだん》が分《わ》かれたときなどに適用《てきよう》されます。

ダブルファウルの条件《じょうけん》

1 **ファウルがプレーヤー同士《どうし》のファウルであること**

2 **体《からだ》の接触《せっしょく》によるファウルであること**

3 **対戦《たいせん》プレーヤー間《かん》で起《お》きること**

4 2つのファウルが
- **パーソナルファウル同士《どうし》**
- **アンスポーツマンライクファウル同士《どうし》**
- **ディスクォリファイングファウル同士《どうし》**
- **アンスポーツマンライクファウルとディスクォリファイングファウルの組《く》み合《あ》わせ**

であること

©Getty Images

両《りょう》チームの選手《せんしゅ》が激《はげ》しく競《せ》り合《あ》っている状態《じょうたい》で起《お》きる可能性《かのうせい》のあるファウルだね

参考《さんこう》ページ　P104 アンスポーツマンライクファウル、P106 ディスクォリファイングファウル

ダブルファウルの例《れい》

お互《たが》いにホールディングのファウルを同時《どうじ》におかしているのでダブルファウルが適用《てきよう》される

知《し》ってる?

フリースローはおこなわれない

ダブルファウルは、両方《りょうほう》のプレーヤーにファウルが記録《きろく》されます。たとえばチームファウルが5個《こ》以上《いじょう》のケースやショット動作中《どうさちゅう》のファウルであれば、本《ほん》来《らい》ならフリースローが与《あた》えられますが、両方《りょうほう》が同時《どうじ》におかしたということで、どちらにもフリースローは与《あた》えられません。おもな再開方法《さいかいほうほう》は以下《いか》の通《とお》りです。

- **一方《いっぽう》のチームがボールをコントロールしていた場合《ばあい》**

➡そのチームがファウルが起《お》こったところにもっとも近《ちか》いアウトオブバウンズからスローイン

- **どちらのチームもボールをコントロールしていなかった場合《ばあい》**

➡ジャンプボールシチュエーション（ポゼッションアローによる）

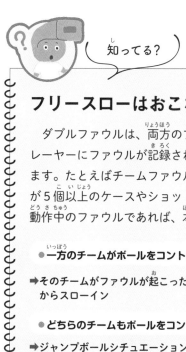

チャージングが適用《てきよう》されない特別《とくべつ》なエリア

「ノーチャージセミサークル」とは、ゴールの下《した》に引《ひ》かれている半円《はんえん》のラインのことです。ディフェンスの足《あし》がサークル内《ない》に入《はい》っていたり、ラインを踏《ふ》んでいたりしたとき、オフェンスはセミサークルをジャンプして横切《よこぎ》り、ディフェンスに接触《せっしょく》してもチャージングのファウルを取《と》られません。ただし、ディフェンスがエリア内《ない》にいてもオフェンスが手《て》や足《あし》を不当《ふとう》に使《つか》ったときにはファウルになります。

　ディフェンスが常《つね》にゴール下《した》にいて、攻撃側《こうげきがわ》のチャージングを誘《さそ》うといったプレーをふせぐねらいがあります。

ノーチャージセミサークル

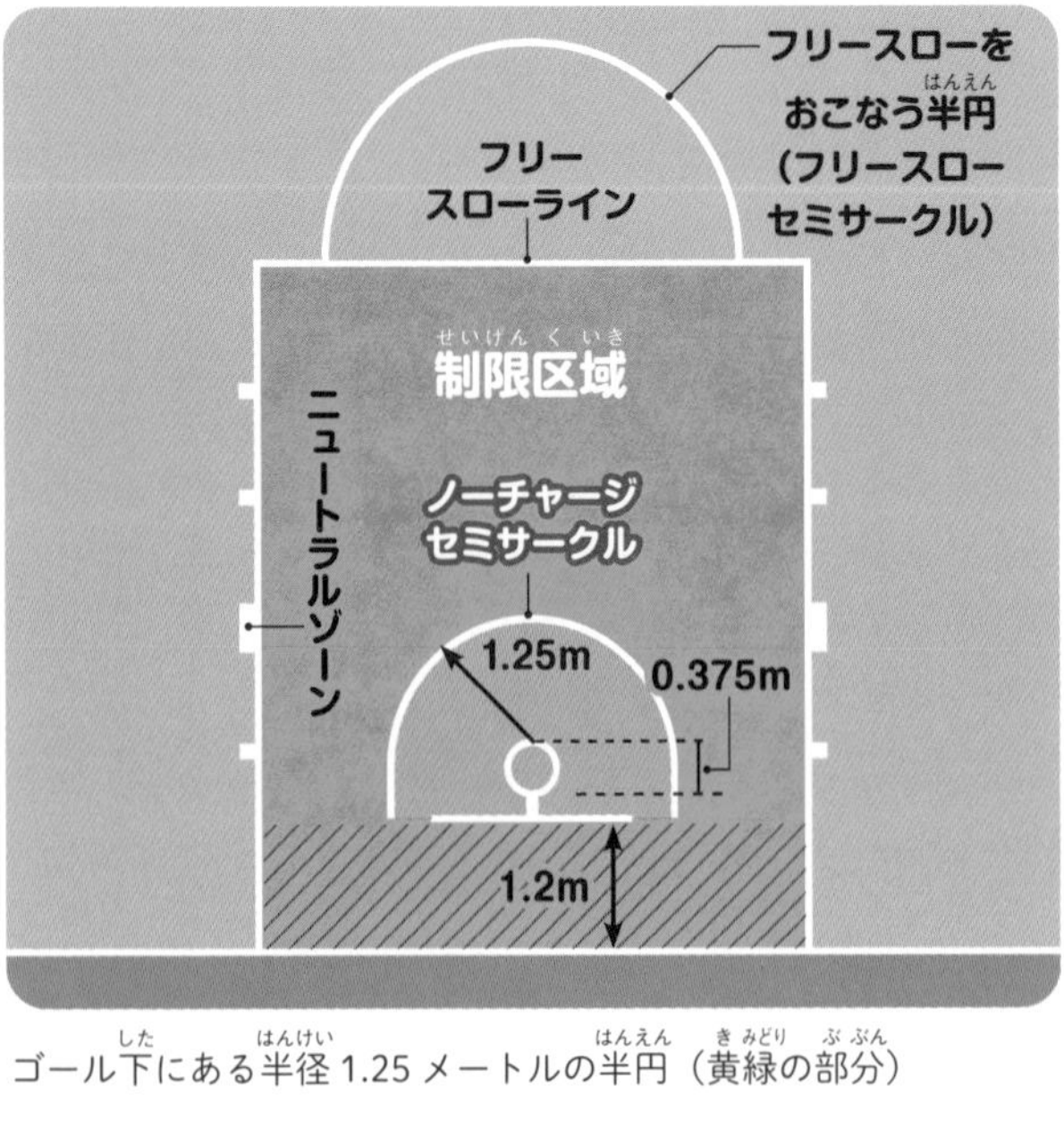

ゴール下《した》にある半径《はんけい》1.25 メートルの半円《はんえん》（黄緑《きみどり》の部分《ぶぶん》）

ノーチャージセミサークルに関《かん》するプレー

ディフェンスの足《あし》は完全《かんぜん》にエリア外《がい》にあり、自分《じぶん》のシリンダー内《ない》で守《まも》っているため、オフェンスのチャージングになる

ディフェンスの足《あし》がサークル内《ない》に入《はい》っていたり、ラインを踏《ふ》んでいたりすると、オフェンスはチャージングを取《と》られない

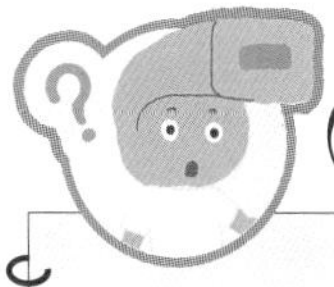

知《し》ってる？

サークル外《がい》では適用《てきよう》されない

サークルよりもエンドライン側《がわ》（右《みぎ》ページ図《ず》の斜線《しゃせん》の部《ぶ》分《ぶん》）では、このルールは適用《てきよう》されません。ここで正当《せいとう》に守《まも》っているディフェンスにチャージングをすればファウルになります。

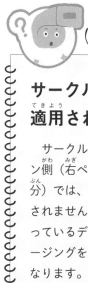

スローイン時《じ》に起《お》きたパーソナルファウルのこと

第《だい》4クォーターと延長戦《えんちょうせん》の残《のこ》り2分《ふん》以下《いか》になってからのスローイン時《じ》に、ボールがスローインをおこなう選手《せんしゅ》の手《て》にある間《あいだ》に、コート上《じょう》のディフェンスプレーヤーがパーソナルファウルを起《お》こしたときに適用《てきよう》されます。

以前《いぜん》はアンスポーツマンライクファウルが宣告《せんこく》されましたが、通常《つうじょう》のパーソナルファウルになりました。ファウルを受《う》けたチームに1本《ぽん》のフリースローが与《あた》えられ、その後《ご》スローインをおこなって再開《さいかい》されます。

スローインファウルの例《れい》

スローインの前《まえ》にディフェンス（白《しろ》）プレーヤーがファウルをした場面《ばめん》。スローインファウルとなり、紺《こん》チームのフリースロー→ファウルがあった場所《ばしょ》からもっとも近《ちか》いアウトオブバウンズからのスローインとなる

知《し》ってる？

「ファウルゲーム」をふせぐねらいも

　負《ま》けているチームがわざとファウルをしてゲームクロックを止《と》め、相手《あいて》フリースローのあとに自分《じぶん》たちの攻撃回数《こうげきかいすう》を増《ふ》やそうとする戦術《せんじゅつ》を「ファウルゲーム」と呼《よ》びます。

　スローインファウルの場合《ばあい》、ファウルが起《お》きるとゲームクロックは止《と》まったままですが、攻《こう》撃権《げきけん》が変《か》わらないため、ゲームクロックが動《うご》かない間《あいだ》にファウルをさせない目的《もくてき》です。ファウルゲームをするなら、ゲームクロックが動《うご》いている間《あいだ》におこなわなければなりません。

©Getty Images

相手《あいて》にフリースローを与《あた》えてでも自分《じぶん》たちの攻撃回数《こうげきかいすう》を増《ふ》やすのがファウルゲーム(写真《しゃしん》はイメージ)

スローインのボールがオフェンスの選手《せんしゅ》の手《て》から離《はな》れる前《まえ》のファウルだよ

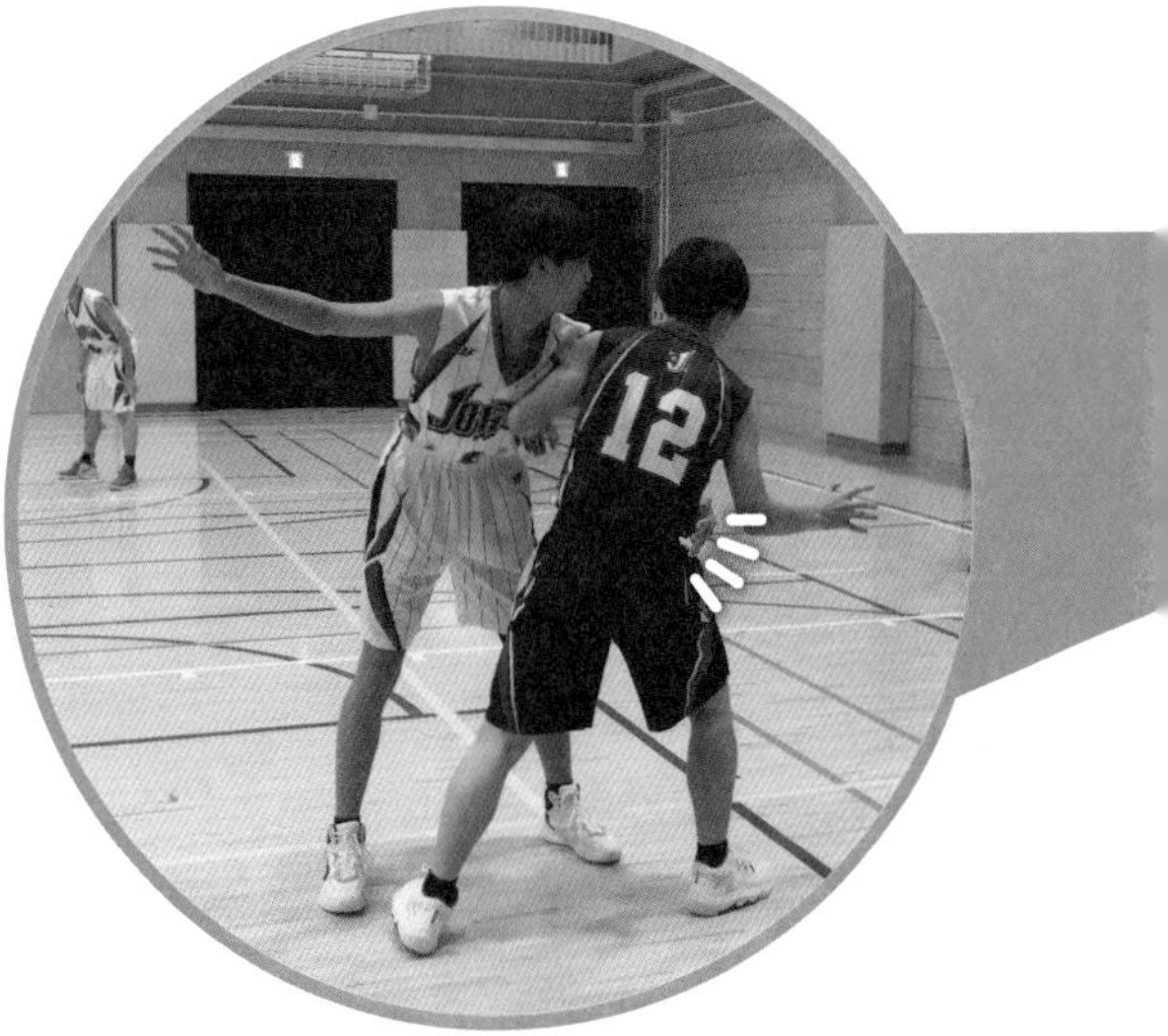

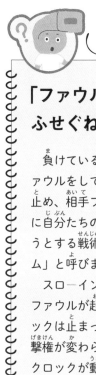

スポーツマンらしくないプレーや態度《たいど》

相手《あいて》チームの選手《せんしゅ》との体《からだ》の接触《せっしょく》がないスポーツマンらしくない振《ふ》る舞《ま》いが、「テクニカルファウル」です。審判《しんぱん》の判定《はんてい》に対《たい》して異論《いろん》を主張《しゅちょう》したりゲームの進行《しんこう》を遅《おく》らせたりすることなどが該当《がいとう》します。

テクニカルファウルが宣告《せんこく》されると、プレーヤーにテクニカルファウルが記録《きろく》され、チームファウルとしても数《かぞ》えます。さらに、相手《あいて》チームにフリースローが1本《ぼん》与《あた》えられます。ファウルが宣告《せんこく》されたときにボールをコントロールしていた、あるいはボールが与《あた》えられるはずだったチームのスローインで再開《さいかい》されます。

なんで
ファウルなんだよ!
Basketball
10

テクニカルファウルの例《れい》

- 審判《しんぱん》からの警告《けいこく》を無視《むし》する
- 敬意《けいい》を欠《か》く振《ふ》る舞《ま》いや異論《いろん》
- 観客《かんきゃく》を挑発《ちょうはつ》、扇動《せんどう》する言動《げんどう》
- 相手《あいて》プレーヤーへの挑発《ちょうはつ》、侮辱《ぶじょく》

審判《しんぱん》の判定《はんてい》への不満《ふまん》をボールなどにあたってもテクニカルファウルとなる。このほか、リングをつかんで体重《たいじゅう》をかけることなどもテクニカルファウルとなる（ただし、ダンクシュートのときに瞬間的《しゅんかんてき》につかんだり、プレーヤーがケガをするのをふせごうとしたと審判《しんぱん》が判断《はんだん》したときは適用《てきよう》されない）

POINT

2つで退場《たいじょう》に

テクニカルファウルを2個《こ》おかすと失格《しっかく》、退場《たいじょう》になる。また、アンスポーツマンライクファウルを2個《こ》、テクニカルファウルとアンスポーツマンライクファウルを1個《こ》ずつおかしても同《おな》じ

プレーヤー以外《いがい》のテクニカルファウル

チームベンチからの悪態《あくたい》など

チームベンチのコーチや選手《せんしゅ》が、審判《しんぱん》、コミッショナー、テーブルオフィシャルズ、相手《あいて》チームに対《たい》して失礼《しつれい》な態度《たいど》をとったり、体《からだ》にふれたりするとテクニカルファウルの対象《たいしょう》になります。試合《しあい》の進行《しんこう》や運営《うんえい》をさまたげたりしたときも宣告《せんこく》されることがあります。

ヘッドコーチ自身《じしん》のテクニカルファウルは、2個《こ》記録《きろく》されると失格《しっかく》、退場《たいじょう》になります。ヘッドコーチ以外《いがい》がおかしたテクニカルファウルが3個《こ》記録《きろく》されたときもヘッドコーチが失格《しっかく》、退場《たいじょう》になります。

コーチやアシスタントコーチなどが判定《はんてい》に対《たい》して審判《しんぱん》に抗議《こうぎ》をするとテクニカルファウルになる。また、コーチなどが相手《あいて》チームのプレーヤーやコーチの体《からだ》にふれたりするのもテクニカルファウル

知《し》ってる?

チームファウルには数《かぞ》えない

チームベンチやコーチによるテクニカルファウルは、それぞれにテクニカルファウルが記録《きろく》されます。チームファウルにはカウントされません。

ルールを逸脱《いつだつ》した体《からだ》の接触《せっしょく》によるファウル

「アンスポーツマンライクファウル」は、体《からだ》の接《せっ》触《しょく》のあるファウルで、正《せい》当《とう》なバスケットボールのプレーではなく、ルールの精神《せいしん》を逸脱《いつだつ》したと見《み》なされたときに宣告《せんこく》されます。スポーツマンらしくないファウルのため、罰《ばっ》則《そく》は通常《つうじょう》のパーソナルファウルよりも重《おも》いのが特《とく》徴《ちょう》です。

アンスポーツマンライクファウルのおもな例《れい》

- **ボールにプレーしなかったり、正当《せいとう》にバスケットボールをプレーしないで相手《あいて》との接触《せっしょく》が起《お》きたとき**（相手《あいて》のユニフォームを引《ひ》っ張《ぱ》るなど）

- **正当《せいとう》なプレーをしようとしたとしても、とても激《はげ》しい接触《せっしょく》を起《お》こしたとき**（エクセシブハードコンタクト）
- **オフェンスの進行《しんこう》をさまたげるという目的《もくてき》のためにディフェンスプレーヤーがボールにプレーせず、必《ひつ》要《よう》のないファウルをおかす**
- **相手《あいて》とゴールとの間《あいだ》にディフェンスプレーヤーがまったくいない状況《じょうきょう》で、進行《しんこう》しているオフェンスプレーヤーの横《よこ》または後《うし》ろから接触《せっしょく》を起《お》こしたとき**

アンスポーツマンライクファウルの再開方法《さいかいほうほう》

◆ファウルをされたプレーヤーにはフリースローが与《あた》えられる

フリースローが与《あた》えられたあと、

- **そのチームのフロントコートのスローインラインからのスローインで再開《さいかい》**
- **第《だい》1クォーターを始《はじ》める場合《ばあい》は、センターサークルでのジャンプボールで再開《さいかい》**

◆フリースローは以下《いか》の通《とお》りに与《あた》えられる

●ショットの動作中《どうさちゅう》ではないプレーヤーがファウルをされたとき
➡2本《ほん》のフリースロー

●ショットの動作中《どうさちゅう》のプレーヤーがファウルをされ、そのショットが成功《せいこう》したとき
➡得点《とくてん》が認《みと》められ、さらに1本《ぽん》のフリースロー

●ショットの動作中《どうさちゅう》のプレーヤーがファウルをされ、そのショットが不成功《ふせいこう》だったとき
➡2本《ほん》または3本《ぼん》のフリースロー

著者提供

状況《じょうきょう》に応《おう》じて与《あた》えられるフリースローの本数《ほんすう》も異《こと》なる（写真《しゃしん》はイメージ）

102ページでもふれたように、
アンスポーツマン
ライクファウルも
2つで失格《しっかく》、退場《たいじょう》になるよ

とくに悪質《あくしつ》なファウル

プレーヤー、交代要員《こうたいよういん》、ヘッドコーチ、アシスタントコーチ、5個《こ》のファウルを宣告《せんこく》されたメンバー、関係者《かんけいしゃ》による、とくに悪質《あくしつ》なファウルを「ディスクォリファイングファウル」といいます。首《くび》から上《うえ》に故意《こい》にヒジ打《う》ちをするなどが対象《たいしょう》です。

個人《こじん》で5個目《こめ》のファウルをおかした場合《ばあい》はベンチに下《さ》がりますが、ディスクォリファイングファウルはコートから立《た》ち去《さ》り、更衣室《こういしつ》まで下《さ》がるか、あるいはコートのある建物《たてもの》からの退去《たいきょ》が求《もと》められます。

著者提供

相手《あいて》チームのプレーヤーに手《て》を出《だ》した場合《ばあい》もディスクォリファイングファウルになる

ディスクォリファイングファウルの再開方法《さいかいほうほう》

ファウルが起《お》きた状況《じょうきょう》など	再開方法《さいかいほうほう》
ショットの動作中《どうさちゅう》の場合《ばあい》	ゴールが成功《せいこう》したときは得点《とくてん》が認《みと》められ、さらに1本《ぽん》のフリースロー。ゴールが失敗《しっぱい》したときは、2本《ほん》か3本《ぼん》のフリースロー
ショットの動作中以外《どうさちゅういがい》の場合《ばあい》	2本《ほん》のフリースロー
体《からだ》の接触《せっしょく》を伴《とも》わない場合《ばあい》	2本《ほん》のフリースロー
ベンチによるもの	2本《ほん》のフリースロー

※いずれもフリースローのあと、(フリースローをおこなった側《がわ》が)スローインラインからのスローインで再開《さいかい》

知《し》ってる？

「ショットの動作《どうさ》」はいつから始《はじ》まる？

ここまでそれぞれのファウルについて説明《せつめい》してきましたが、104〜106ページでも出《で》てきたように、ファウルが起《お》きたのがショットの動作中《どうさちゅう》かどうかによって、その後《ご》の対応《たいおう》は変《か》わります（ショットの動作中《どうさちゅう》のことを「アクトオブシューティング」といいます）。

ショットの動作中《どうさちゅう》のファウルにはフリースローが与《あた》えられます。フリースローの本数《ほんすう》は、ショットした位置《いち》がツーポイントエリアなら2本《ほん》、スリーポイントエリアなら3本《ぼん》です。

なお、「ショットの動作《どうさ》」は、以下《いか》のタイミングから始《はじ》まります。

- **動《うご》きながらではないショットの動作《どうさ》**

➡**ジャンプシュートなどプレーヤーがリングに向《む》かってボールを上方《じょうほう》に持《も》ち上《あ》げ始《はじ》めたとき**

- **ドライブなどの動《うご》きながらのショット**

➡**シュートを打《う》つためにボールを片手《かたて》または両手《りょうて》で支《ささ》え持《も》ったとき**

ショットの動作《どうさ》にも基準《きじゅん》がある（写真《しゃしん》はイメージ）

ショットの動作中《どうさちゅう》ではないパーソナルファウルについては、スローインで再開《さいかい》されるよ

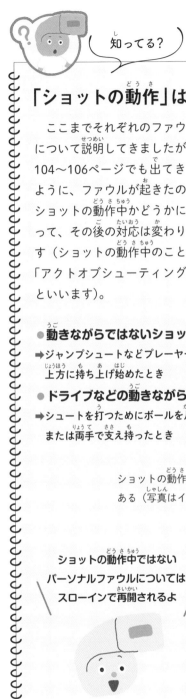

ショットの動作中《どうさちゅう》のファウルなどに適用《てきよう》

フリースローはショットの動作中《どうさちゅう》(アクトオブシューティング)のファウルやチームファウルの累積《るいせき》、またはテクニカルファウルやアンスポーツマンライクファウルを受《う》けたチームに与《あた》えられます。シューターはフリースローラインの後《うし》ろ、かつ半《はん》円《えん》の中《なか》からショットをおこないます。シューター以外《いがい》の選手《せんしゅ》は、攻撃側《こうげきがわ》が2人《ふたり》、守備側《しゅびがわ》が3人《にん》まで決《き》められた位置《いち》からリバウンドをおこなえます。

フリースローについて

シューター

フリースローラインを踏《ふ》んだらダメだよ

知《し》ってる？

リバウンドスペースに入《はい》らなくてもOK《オーケー》

下《した》の図《ず》のように、攻撃側2人《こうげきがわふたり》、守備側《しゅびがわ》3人《にん》までがリバウンドに備《そな》えられますが、リバウンドのスペースに入《はい》らなくてもOK《オーケー》です。ただし、リバウンドスペースに選手《せんしゅ》がいないからといって、ほかの選《せん》手《しゅ》が場所《ばしょ》を詰《つ》めてポジショニングすることはできません。

攻撃側《こうげきがわ》がリバウンドスペースに入《はい》らず、選手同士《せんしゅどうし》で話《はな》しているケース

シューターのルール

- フリースローラインの後《うし》ろの半円《はんえん》に入《はい》る
- 審判《しんぱん》からボールを渡《わた》されたら5秒以内《びょういない》にショットをおこなう
- ボールがバスケットに入《はい》るか、リングにふれるまでは、フリースローラインを踏《ふ》んだり制限区域内《せいげんくいきない》に入《はい》ったりはできない

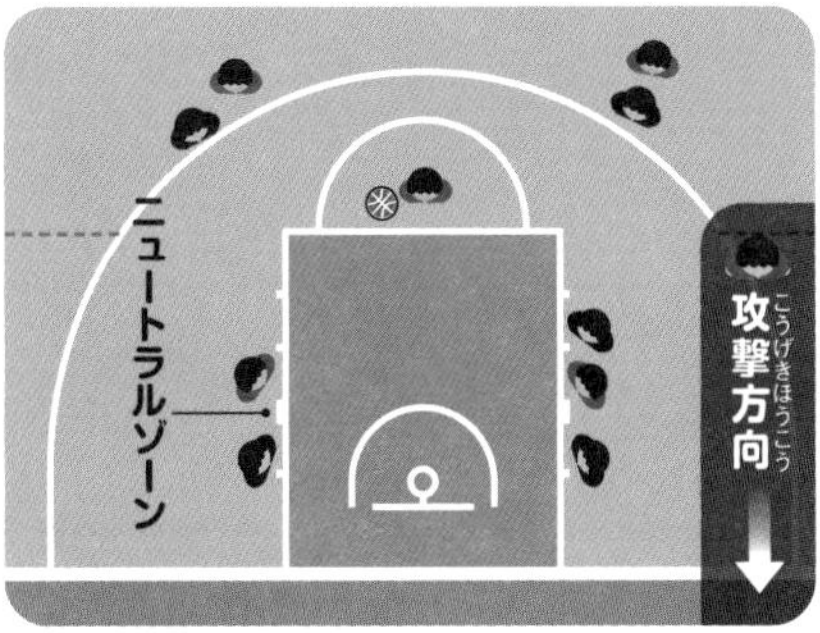

制限区域内《せいげんくいきない》のニュートラルゾーンをはさみバスケット側《がわ》にディフェンスが2人《ふたり》が入《はい》り、その隣《となり》にオフェンスが2人《ふたり》、さらにその隣《となり》にディフェンスが1人《ひとり》入《はい》る

シューター以外《いがい》のルール

- リバウンドの位置《いち》にいるプレーヤーは、決《き》まったスペースにポジショニングできる（左《ひだり》の図参照《ずさんしょう》）
- ボールがシューターの手《て》から離《はな》れる前《まえ》に制限区域《せいげんくいき》やニュートラルゾーンに入《はい》ったり、スペースから離《はな》れたりできない
- リバウンドの位置《いち》に入《はい》らないプレーヤーは、フリースローラインより後《うし》ろでスリーポイントラインの外側《そとがわ》にいる（図《ず》の青《あお》い点線《てんせん》より外側《そとがわ》）

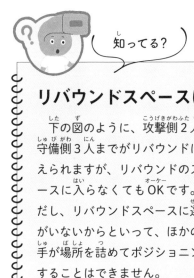

こんなときはどうなる？

ファウル編《へん》

1 ベンチ要員《よういん》が立《た》って応援《おうえん》し続《つづ》けたら？

試合中《しあいちゅう》に立《た》ち続《つづ》けられるのは、コーチかアシスタントコーチのどちらか1人《ひとり》だけです。それ以外《いがい》の人《ひと》が立《た》ち続《つづ》けると、テクニカルファウルになります。

2 インターバル中《ちゅう》にファウルが起《お》きたら？

インターバル中《ちゅう》のファウルは、次《つぎ》のクォーターのファウルとしてカウントされます。第《だい》4クォーターが終《お》わって同点《どうてん》で、その直後《ちょくご》のインターバルでファウルが起《お》きたら、延長戦《えんちょうせん》のファウルとしてカウントされます。

3 5個《こ》のファウルをおかして ベンチに下《さ》がった選手《せんしゅ》がファウルをしたら？

プレーをする資格《しかく》を失《うしな》った選手《せんしゅ》のファウルとして、コーチに宣告《せんこく》されます。スコアシートのヘッドコーチの欄《らん》に「B」と記入《きにゅう》されます。

4 相手《あいて》プレーヤーのショット時《じ》に視界《しかい》を じゃまするように手《て》を振《ふ》ったら？

相手《あいて》との接触《せっしょく》はありませんが、ファウルになります。しかも、正当《せいとう》なプレーではなくスポーツマンシップに反《はん》する行為《こうい》とみなされて、テクニカルファウルとなります。

第《だい》4章《しょう》

審《しん》判《ぱん》について知《し》ろう

主審《しゅしん》1人《ひとり》、副審《ふくしん》1〜2人《ふたり》で構成《こうせい》される

審判《しんぱん》はクルーチーフ（主審《しゅしん》）が1人《ひとり》と、アンパイア（副審《ふくしん》）が1人《ひとり》か2人《ふたり》で構成《こうせい》されます。そして、テーブルオフィシャルズとコミッショナーが審判《しんぱん》をサポートします。

審判《しんぱん》（クルーチーフ）のおもな任務《にんむ》、役割《やくわり》

任務《にんむ》と権限《けんげん》

- ゲーム中《ちゅう》に使用《しよう》するすべての用具《ようぐ》と器具《きぐ》を点検《てんけん》し、承認《しょうにん》する
- ホームチームが用意《ようい》した2つの使用済《しようず》みボールから試合球《しあいきゅう》を選《えら》ぶ（2つとも不適当《ふてきとう》なときは、できるかぎり質《しつ》のよいボールを選《えら》ぶ）
- ケガの危険《きけん》があるものを選手《せんしゅ》が身《み》につけているときは着用《ちゃくよう》を禁《きん》じることができる

役割《やくわり》

- 第《だい》1クォーターのジャンプボールをおこない、第《だい》2クォーター以降《いこう》のスローインのボールをプレーヤーに渡《わた》す
- 第《だい》1クォーターと第《だい》3クォーターの開始《かいし》3分前《ぷんまえ》と1分《ぷん》30秒前《びょうまえ》、第《だい》2クォーターと第《だい》4クォーターの開始《かいし》30秒前《びょうまえ》に笛《ふえ》を吹《ふ》く
- 審判《しんぱん》の意見《いけん》が一致《いっち》しないときは、最終的《さいしゅうてき》な決定権《けっていけん》を持《も》つ
- 試合終了後《しあいしゅうりょうご》に、スコアシートを承認《しょうにん》してサインする

テーブルオフィシャルズの位置《いち》

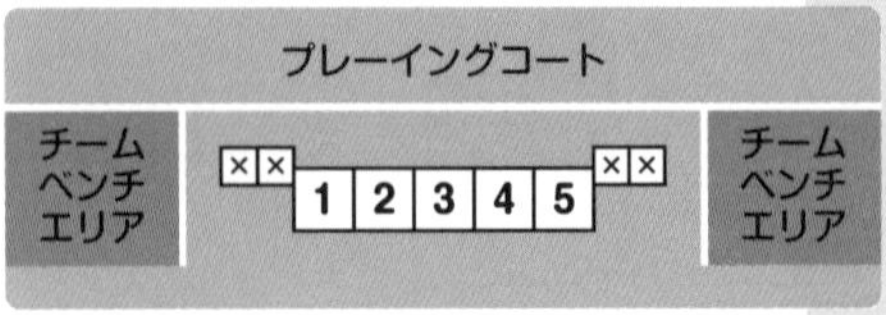

1 ▶ ショットクロックオペレーター
2 ▶ タイマー
3 ▶ コミッショナー（配置《はいち》される場合《ばあい》）
4 ▶ スコアラー
5 ▶ アシスタントスコアラー
× ▶ 選手《せんしゅ》の交代席《こうたいせき》

フロアカバレージ

試合中《しあいちゅう》、審判《しんぱん》は図《ず》のような位置関《いちかん》係《けい》を保《たも》つ。このような審判《しんぱん》の位置《いち》取《ど》りを「フロアカバレージ」という。

著者提供

2人制《ふたりせい》

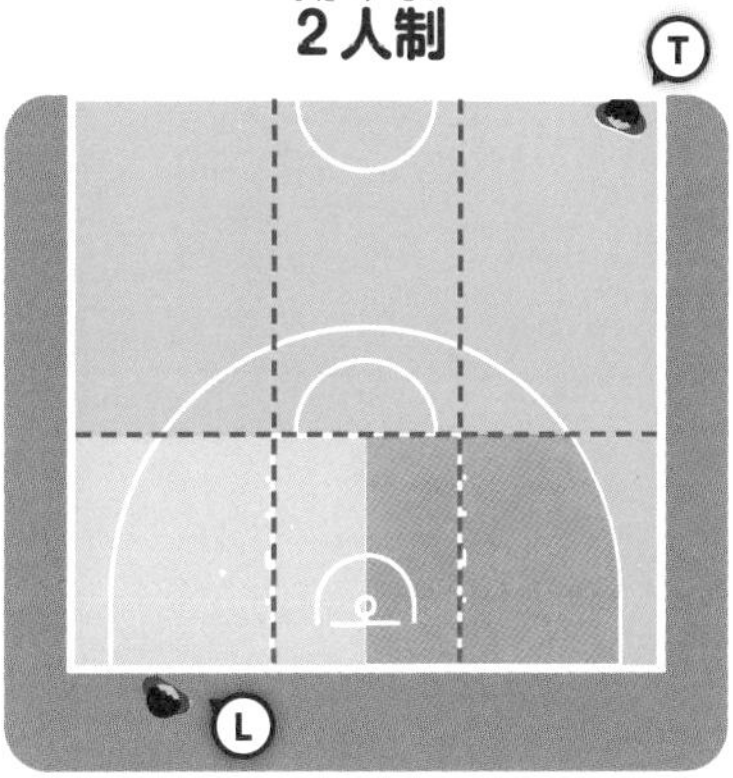

２人制《ふたりせい》では、「トレイル（T）」と「リード（L）」(*)が図《ず》のような位置取《いちど》りをする。図《ず》の緑色《みどりいろ》の部分《ぶぶん》がトレイルオフィシャルのプライマリエリア（主《しゅ》として判定《はんてい》を下《くだ》すエリア）、青色《あおいろ》がリードオフィシャルのプライマリエリア。紫色《むらさきいろ》は状況《じょうきょう》に応《おう》じて、２人《ふたり》で協力《きょうりょく》してカバーし合《あ》う

3人制《にんせい》

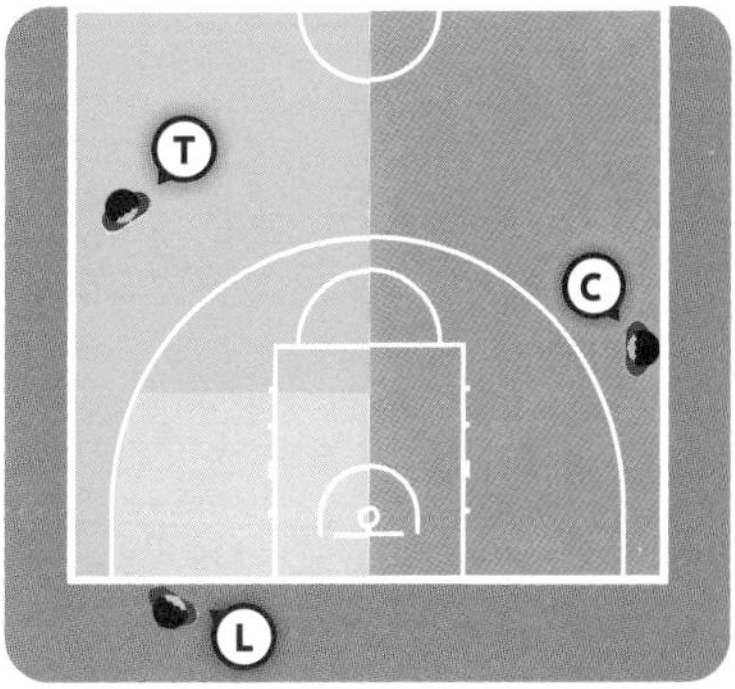

３人制《にんせい》では、トレイル、リードに加《くわ》えて「センター（C）」が図《ず》のように位置取《いちど》りをする。図《ず》の緑色《みどりいろ》の部分《ぶぶん》はトレイル、青《あお》はリード、紫色《むらさきいろ》はセンターがそれぞれプライマリエリアとなる。基本的《きほんてき》にボールがあるサイドはトレイル、リードが位《い》置《ち》し、センターはボールのないエリアをカバーする。もしボールのサイドが変《か》わったときはリードが動《うご》き、センターがトレイル、トレイルがセンターになる

*トレイル：選手《せんしゅ》を追《お》いかけて位置取《いちど》りをする審判《しんぱん》、リード：攻《せ》める側《がわ》の先回《さきまわ》りをして位置取《いちど》りをする審判《しんぱん》

114～115ページと116～117ページでは、試合《しあい》での審判《しんぱん》の動《うご》きかたを紹介《しょうかい》します。

2人制《ふたりせい》での動《うご》き（例《れい》）

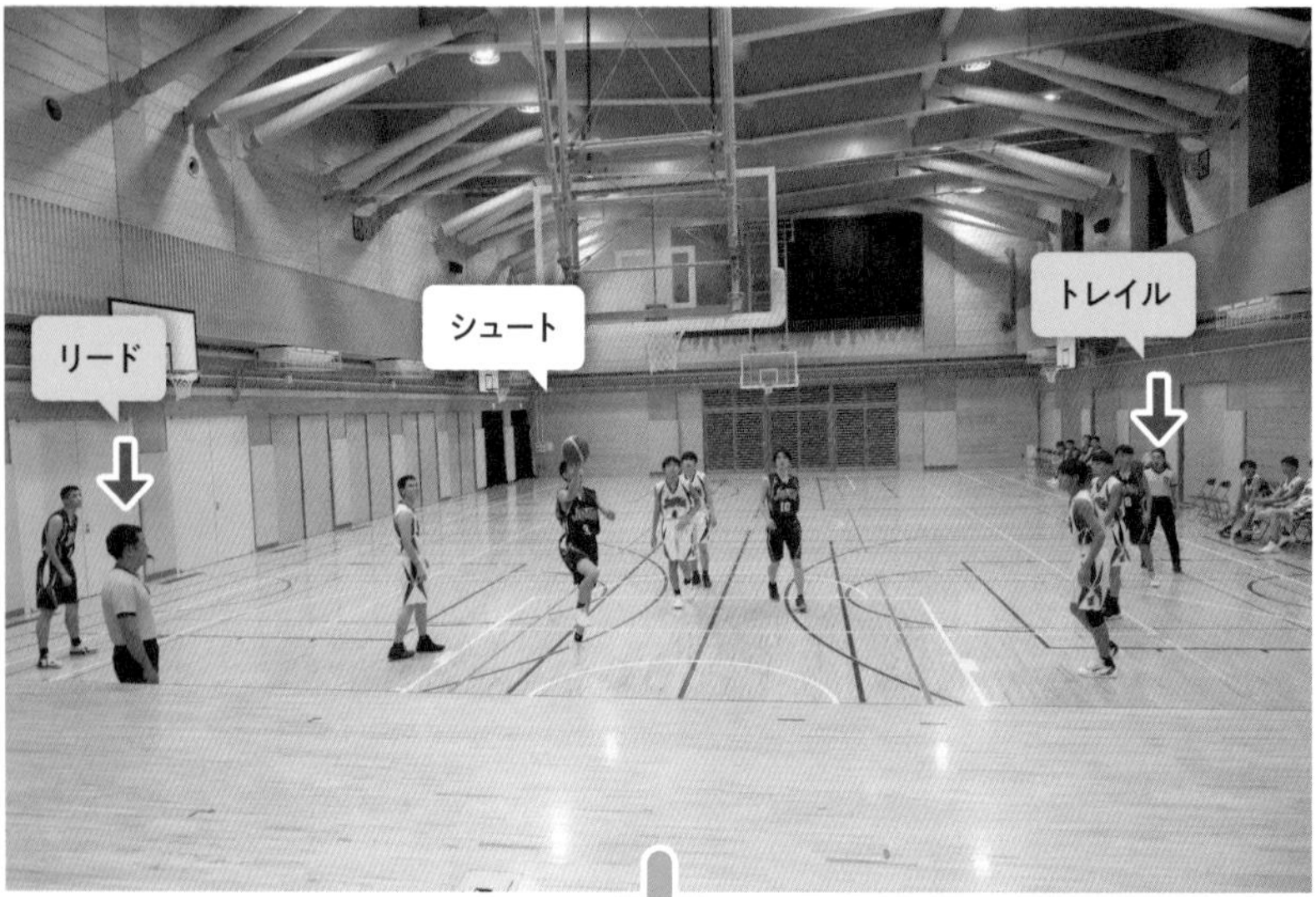

2人制《ふたりせい》ではトレイルとリードが、攻防《こうぼう》が切《き》り替《か》わるたびに、それぞれ役割《やくわり》を変《か》えて2人《ふたり》で協力《きょうりょく》してコートをカバーします。ファウルがあったときに、ファウルをレポートした審判《しんぱん》が次《つぎ》の再開時《さいかいじ》にトレイルとなります。

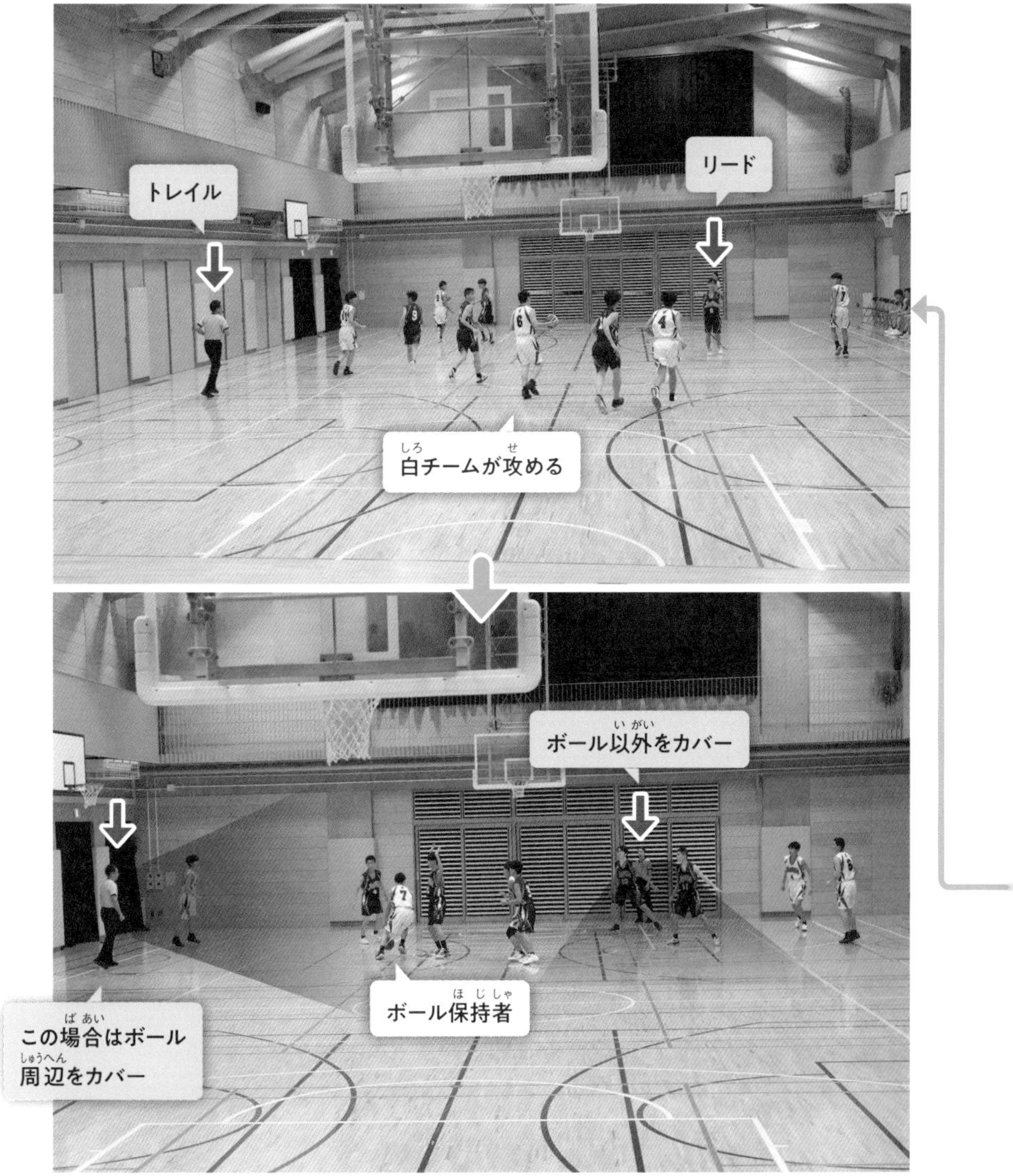

114～115ページの2人制《ふたりせい》に続《つづ》き、3人制《にんせい》での動《うご》きの例《れい》を紹介《しょうかい》します。

3人制《にんせい》での動《うご》き（例《れい》）

3人制《にんせい》では、攻防《こうぼう》が切《き》り替《か》わるたびにトレイル⇔リードは2人制《ふたりせい》と大《おお》きく変《か》わりません。センターは同《おな》じくセンターとなります。ただし、ボールがフロントコートに運《はこ》ばれたとき、ボールのサイドが変《か》わったときに、リードが反対《はんたい》へ動《うご》いたらトレイル→センター、センター→トレイルと役割《やくわり》が変《か》わることがあります。

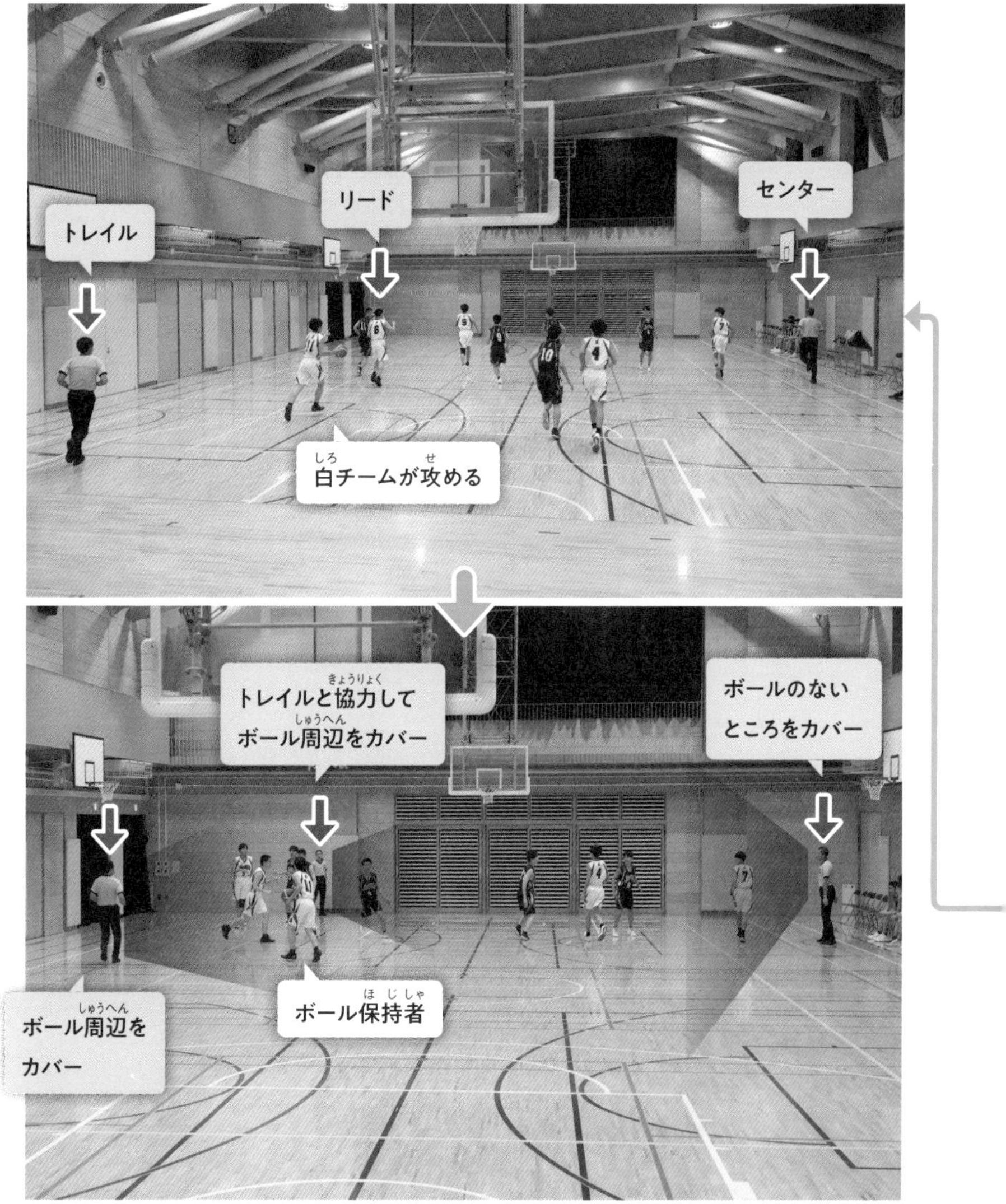

お互《たが》いの死角《しかく》を補《おぎな》うようにする

1人《ひとり》の視界《しかい》で見《み》える範《はん》囲《い》には限界《げんかい》があります。2人《ふたり》もしくは3人《にん》の審判《しんぱん》で、お互《たが》いの死角《しかく》を補《おぎな》うように角度《かくど》（アングル）をとらえ、プレーを見《み》てジャッジを下《くだ》しています。一方《いっぽう》の審判《しんぱん》がボールとその周辺《しゅうへん》のプレーを、もう一方《いっぽう》の審判《しんぱん》はボールがないところのプレーを、責《せき》任《にん》を持《も》って見《み》るためのポジショニングが求《もと》められ

見《み》える角度《かくど》と見《み》えない角度《かくど》（2人制《ふたりせい》）

対角線上《たいかくせんじょう》にポジショニングした2人《ふたり》の審判《しんぱん》には、同《おな》じプレーでもファウルが見《み》える側《がわ》と見《み》えない側《がわ》がある。

ディフェンスの背《せ》中側《なかがわ》から見《み》たとき、相手《あいて》にどれくらい接触《せっしょく》しているかは見《み》えない

反対《はんたい》の審判《しんぱん》からは、ディフェンスのファウルが見《み》える

ます。

自分《じぶん》のカバーする範囲《はんい》外《がい》で明《あき》らかなファウルやバイオレーションがあった場合《ばあい》、見《み》るべき責任《せきにん》がある（プライマリエリアにいる）ほうの審判《しんぱん》がなんらかの理由《りゆう》で笛《ふえ》を鳴《な》らさなかったときは、もう一方《いっぽう》の審判《しんぱん》が鳴《な》らすことになっています。

見《み》える角度《かくど》と見《み》えない角度《かくど》（3人制《にんせい》）

奥《おく》の２人《ふたり》の審判《しんぱん》からはプレーする２人《ふたり》の腕《うで》が見《み》えない角度《かくど》にあるが、手前《てまえ》にいる３人目《にんめ》の審判《しんぱん》からははっきりとファウルであることが見《み》える。

手前《てまえ》の審判《しんぱん》からは、２人《ふたり》の選手《せんしゅ》の腕《うで》の様子《ようす》がよく見《み》える

審判《しんぱん》は何《なに》を見《み》てファウルとするのか

誤解《ごかい》を招《まね》く動《うご》きをしないことも大切《たいせつ》

不必要《ふひつよう》に相手《あいて》の背中側《せなかがわ》に腕《うで》を回《まわ》す、またはボールの近《ちか》くで素早《すばや》く腕《うで》を振《ふ》り下《お》ろすといった動《うご》きをすれば、実際《じっさい》にはさわっていなくても審判《しんぱん》にはファウルをしているように見《み》えてしまいます。

選手《せんしゅ》がジャッジに抗議《こうぎ》をしたくなるのはこういうときでしょう。ファウルに見《み》えるような動《うご》きをしないと

今《いま》はなんのファウルだったんですか?

キャプテンは審判《しんぱん》に質問《しつもん》ができる。判定《はんてい》を疑問《ぎもん》に思《おも》った場合《ばあい》は、言葉《ことば》づかいや態度《たいど》に気《き》をつけて判定《はんてい》の意図《いと》を聞《き》いてもよい。しかし、一度《いちど》下《くだ》された判定《はんてい》は変《か》わらない

いうのも、選手《せんしゅ》にとって大切《たいせつ》なことです。

キャプテンは、審判《しんぱん》とコミュニケーションを取《と》ることができます。言《こと》葉《ば》づかいや態度《たいど》に気《き》をつけながら質《しつ》問《もん》ができるのです。審判《しんぱん》はゲームを円滑《えんかつ》に進《すす》めていくために、毅然《きぜん》とした態度《たいど》は維持《いじ》したまま、まず選手《せんしゅ》の言《い》い分《ぶん》を聞《き》くという姿勢《しせい》が大切《たいせつ》になります。

審判《しんぱん》といつやりとりができる?

キャプテンが審判《しんぱん》とコミュニケーションを取《と》れるのは、ボールがデッドでゲームクロックが止《と》められているときです。キャプテンがコート上《じょう》にいないときは、ヘッドコーチに指定《してい》された選手《せんしゅ》がキャプテンの役割《やくわり》をできるということもおぼえておいてください。

著者提供

ルールでは、審判《しんぱん》とコミュニケーションを取《と》ることができるのはキャプテンだけとなっている

審判《しんぱん》の心構《こころがま》えを知《し》っておこう

この章《しょう》では、審判《しんぱん》の役割《やくわり》やレフェリングについて話《はなし》を進《すす》めていますが、審判《しんぱん》を務《つと》めるうえで大切《たいせつ》だと考《かんが》えていることを紹介《しょうかい》します。審判《しんぱん》に興味《きょうみ》を持《も》った人《ひと》はぜひ心《こころ》にとめておいてください。

審判《しんぱん》に必要《ひつよう》な力《ちから》

1 ルールの理解《りかい》

バイオレーション、ファウル、試合《しあい》の進《すす》めかたなどルールブックの内容《ないよう》を理解《りかい》し、正《ただ》しく適用《てきよう》することが、プレーヤーに正《ただ》しくプレーしてもらう第《だい》1歩《ぽ》となります。

2 審判《しんぱん》としての約束事《やくそくごと》や動《うご》きかたの理解《りかい》

審判《しんぱん》にはさまざまな動《うご》きかた（2人制《ふたりせい》、3人制《にんせい》）や約《やく》束事《そくごと》があります。これらを理解《りかい》することにより、審判《しんぱん》はスムーズにゲームを運営《うんえい》できます。

3 バスケットボールのプレーの理解《りかい》

コート上《じょう》でプレーヤーが全力《ぜんりょく》でプレーする技術《ぎじゅつ》を理解《りかい》することで、次《つぎ》の展開《てんかい》が予測《よそく》できたり、プレーの技術《ぎじゅつ》をどのように受《う》け止《と》めて判定《はんてい》に生《い》かすかということにつなげることができます。

著者提供

4 日々《ひび》進歩《しんぽ》するルールやバスケットボールの技術《ぎじゅつ》に対《たい》する向上心《こうじょうしん》

プレーヤーは上達《じょうたつ》を目指《めざ》して日々《ひび》たゆまぬ努力《どりょく》をしています。その努力《どりょく》を審判《しんぱん》も怠《おこた》ってはいけないと思《おも》います。体力《たいりょく》の維持《いじ》、向上《こうじょう》から始《はじ》まり、最《さい》新《しん》のバスケットボールの技術《ぎじゅつ》などを学《まな》ぶ姿勢《しせい》はとても大切《たいせつ》です。

5 コミュニケーションスキル

(人《ひと》が人《ひと》を判定《はんてい》する。機械《きかい》では絶対《ぜったい》にできないため)

著者提供

下《くだ》した判定《はんてい》がプレーヤーやコーチに受《う》け入《い》れてもらえないときもあります。審判同士《しんぱんどうし》で、またプレーヤーやコーチとコミュニケーションを取《と》るなかで、ときには自分《じぶん》のミスを受《う》け入《い》れることも必要《ひつよう》です。こうした積《つ》み重《かさ》ねが、重《じゅう》要《よう》な場面《ばめん》でミスをしない、そんな審判《しんぱん》としての信頼感《しんらいかん》につながります。

6 人間性《にんげんせい》

(選手《せんしゅ》やクルーをリスペクトする精神《せいしん》)

大切《たいせつ》なのは、プレーヤー同士《どうし》で勝負《しょうぶ》を決《き》めてもらうために審判《しんぱん》が必要《ひつよう》である点《てん》を理《り》解《かい》することです。そのうえでプレーヤーやクルーに対《たい》して、人《ひと》として大切《たいせつ》なことを当《あ》たり前《まえ》におこなうといった人間性《にんげんせい》が最《もっと》も重要《じゅうよう》だと考《かんが》えています。

著者提供

審判《しんぱん》のシグナルをおぼえよう

124～129ページで、審判《しんぱん》のおもなシグナル（合図《あいず》）を紹介《しょうかい》します。それぞれのシグナルの意味《いみ》を理解《りかい》しましょう。

ゲームクロックシグナル

時計《とけい》を動《うご》かす

上《あ》げた腕《うで》を軽《かる》く
振《ふ》り下《お》ろす

ファウルで時計《とけい》を止《と》める

こぶしを握《にぎ》った
片手《かたて》を上《あ》げる

時計《とけい》を止《と》める、または動《うご》かさない

手《て》のひらを前《まえ》に向《む》けた
手《て》を上《あ》げる

得点《とくてん》

3点《てん》

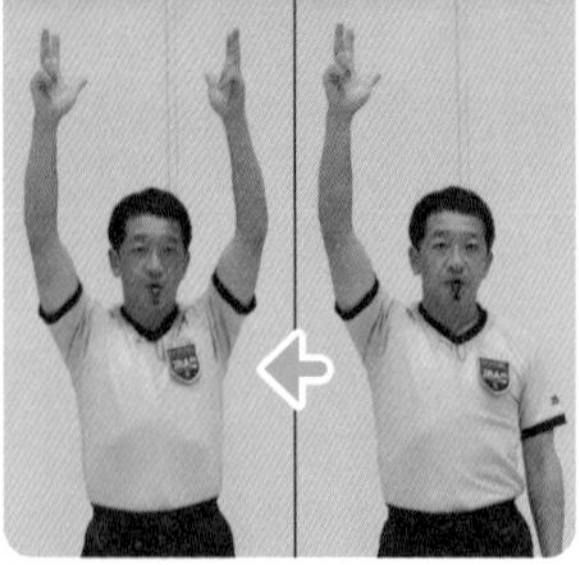

ショットを放《はな》ったときに
片腕《かたうで》を上《あ》げ、成功《せいこう》したときに
両腕《りょううで》を上《あ》げる

2点《てん》

2本指《ほんゆび》を立《た》てた腕《うで》を上《あ》げ、
手首《てくび》から振《ふ》り下《お》ろす

1点《てん》

人差《ひとさ》し指《ゆび》を立《た》てた
腕《うで》を上《あ》げ、手首《てくび》から
振《ふ》り下《お》ろす

タイムアウト

手《て》のひらに人差《ひとさ》し指《ゆび》を立《た》ててＴ《ティー》の字《じ》をつくる

交代要員《こうたいよういん》を招《まね》き入《い》れる

手《て》のひらを自分《じぶん》に向《む》けて腕《うで》を前後《ぜんご》に振《ふ》る

交代《こうたい》

胸《むね》の前《まえ》で両腕《りょううで》を交差《こうさ》させる

OK《オーケー》（コミュニケーションが取《と》れている）

親指《おやゆび》を立《た》てる
（審判《しんぱん》とテーブルオフィシャルズとの間《あいだ》でかわされる）

得点《とくてん》のキャンセル

両腕《りょううで》を交差《こうさ》させてから左右《さゆう》に広《ひろ》げる

ショットクロックのリセット

人差《ひとさ》し指《ゆび》を立《た》てて円《えん》を描《えが》く

ビジブルカウント*

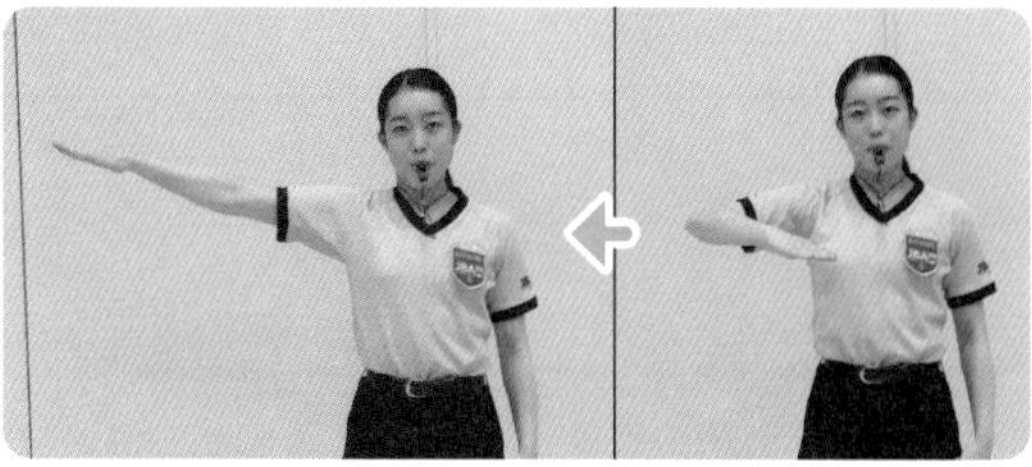

腕《うで》を肩《かた》の高《たか》さに上《あ》げ、ヒジから曲《ま》げて水平《すいへい》に振《ふ》る

＊プレーヤーがボールを保持《ほじ》している時間《じかん》を明確《めいかく》に示《しめ》すために、審判《しんぱん》がジェスチャーでカウントすること

バイオレーション

イリーガルドリブル（ダブルドリブル）

両手《りょうて》を交互《こうご》に上下《じょうげ》に
動《うご》かす

トラベリング

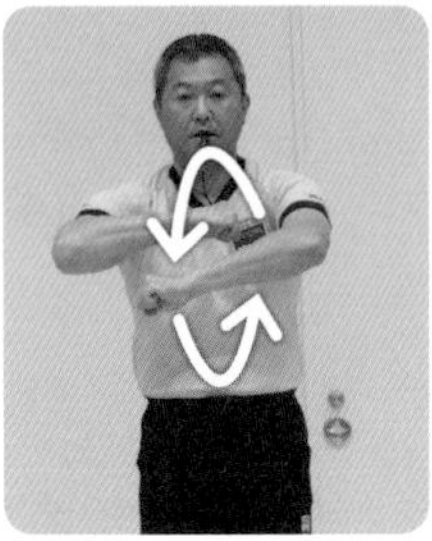

こぶしを握《にぎ》って
両腕《りょううで》を回《まわ》す

イリーガルドリブル（キャリングザボール）

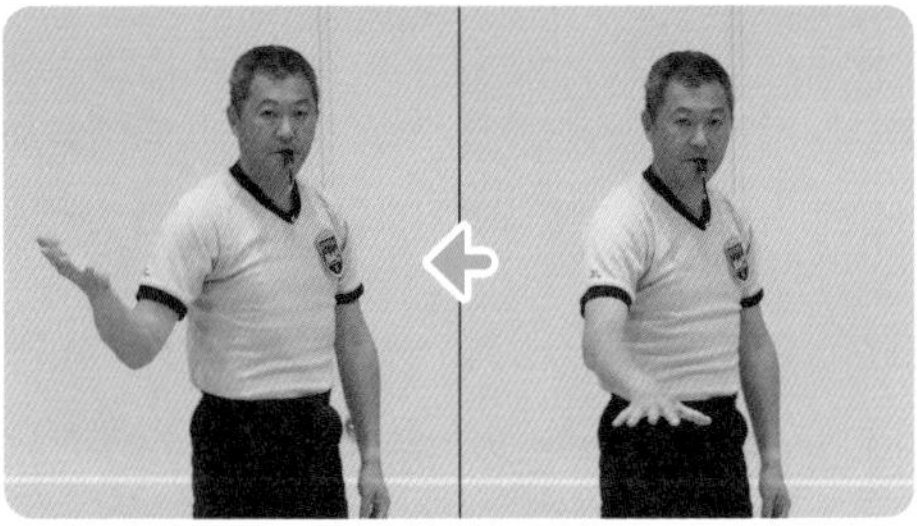

手《て》のひらを半回転《はんかいてん》させる

プレーやアウトオブバウンズの方向《ほうこう》

サイドラインと平行《へいこう》に
腕《うで》を伸《の》ばす

ジャンプボールシチュエーション

両手《りょうて》の親指《おやゆび》を立《た》てる

8秒《びょう》ルール違反《いはん》

手《て》のひらを前《まえ》に向《む》け、
8本《ぽん》の指《ゆび》を見《み》せる

5秒《びょう》ルール違反《いはん》

手《て》のひらを前《まえ》に向《む》け、
5本指《ほんゆび》を見《み》せる

3秒《びょう》ルール違反《いはん》

3本指《ぼんゆび》を立《た》てて
腕《うで》を振《ふ》る

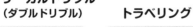

ゴールテンディング／インタフェアレンス

指《ゆび》でつくった輪《わ》を、反対《はんたい》の人差《ひとさ》し指《ゆび》でなぞる

バックコートバイオレーション

指《ゆび》で床《ゆか》を指《さ》しながら体《からだ》の前《まえ》で腕《うで》を振《ふ》り下《お》ろす

24秒《びょう》ルール違反《いはん》

指《ゆび》で肩《かた》にふれる

ファウル

プッシング、ボールをコントロールしていないチャージング

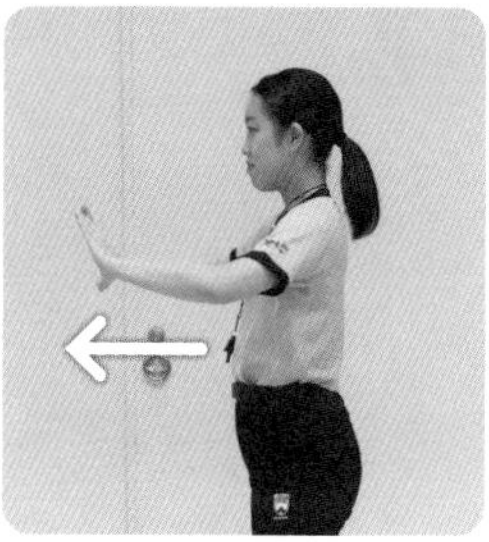

両手《りょうて》のひらで押《お》す動作《どうさ》

ブロッキング（ディフェンス）、イリーガルスクリーン（オフェンス）

両手《りょうて》を腰《こし》に置《お》く

ホールディング

手首《てくび》を握《にぎ》る

ボールをコントロールしているチャージング

手《て》のひらをこぶしでたたく

イリーガルユースオブハンズ

手首《てくび》をこぶしでたたく

ハンドチェック

手《て》のひらを見《み》せている腕《うで》を握《にぎ》り、前《まえ》に動《うご》かす

イリーガルシリンダー

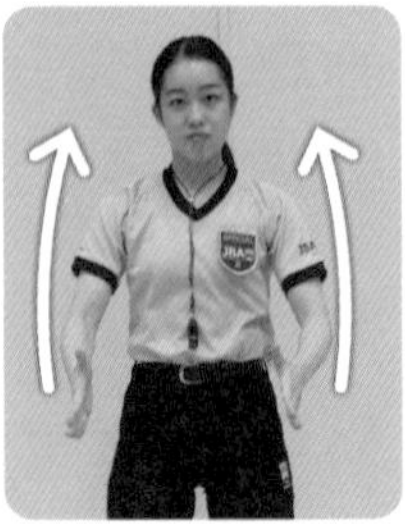

手《て》のひらを向《む》かい合《あ》わせ、下《さ》げてから上《あ》げる

フッキング

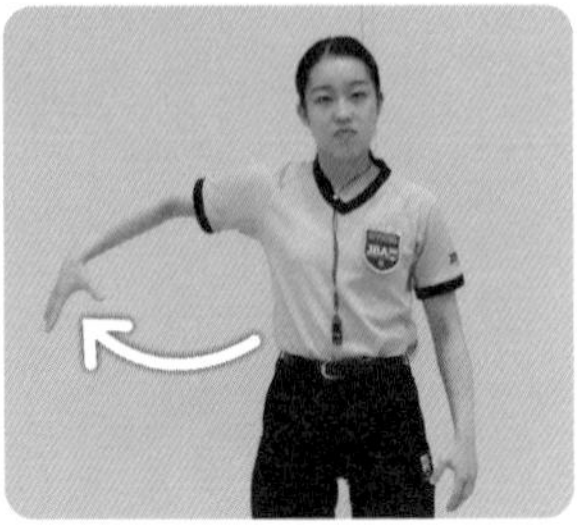

腕《うで》を上体《じょうたい》の横《よこ》から後方《こうほう》に振《ふ》る

ショットの手《て》に対《たい》するイリーガルなコンタクト

手《て》のひらでもう一方《いっぽう》の前腕《ぜんわん》をたたく

ボールをコントロールしているチームのファウル

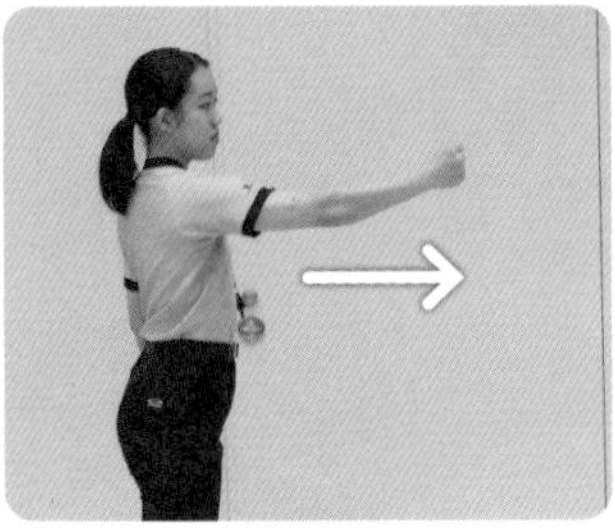

攻撃《こうげき》している方向《ほうこう》へこぶしを突《つ》き出《だ》す

頭《あたま》をたたく

手《て》のひらを頭《あたま》に乗《の》せる

過度《かど》なヒジの振《ふ》り回《まわ》し

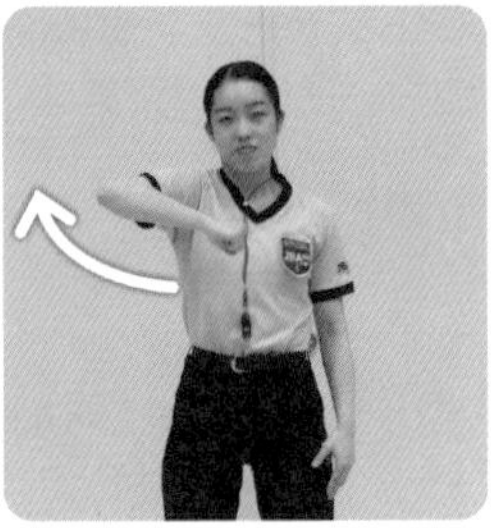

ヒジを肩《かた》の高《たか》さに上《あ》げて、後方《こうほう》に振《ふ》る

ショット動作中《どうさちゅう》ではないファウル

ファウルの合図《あいず》のあと、コートを指《ゆび》さす

ショット動作中《どうさちゅう》のファウルとフリースロー数《すう》

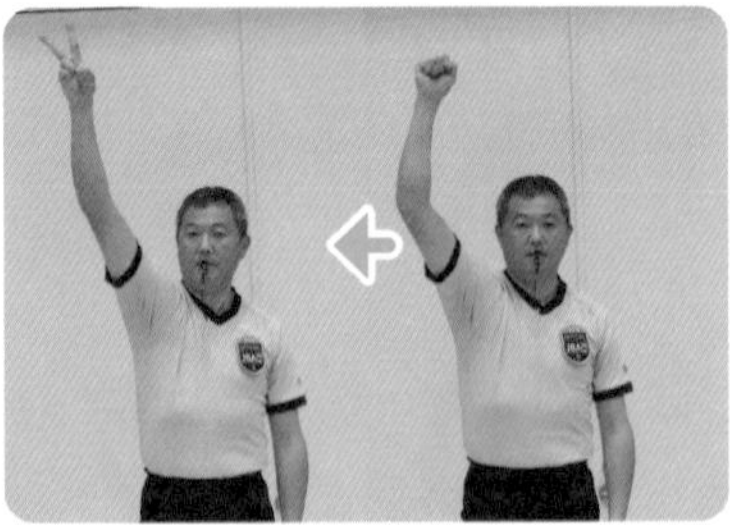

ファウルの合図《あいず》のあと、指《ゆび》を２～３本《ぼん》立《た》てる

テクニカルファウル

両手《りょうて》で「T《ティー》」を示《しめ》す

ダブルファウル

こぶしを握《にぎ》った腕《うで》を
交差《こうさ》させて振《ふ》る

フェイクファウルの警告《けいこく》

前腕《ぜんわん》を二度《にど》振《ふ》り上《あ》げる

ディスクォリファイングファウル

両《りょう》こぶしを上《あ》げる

アンスポーツマンライクファウル

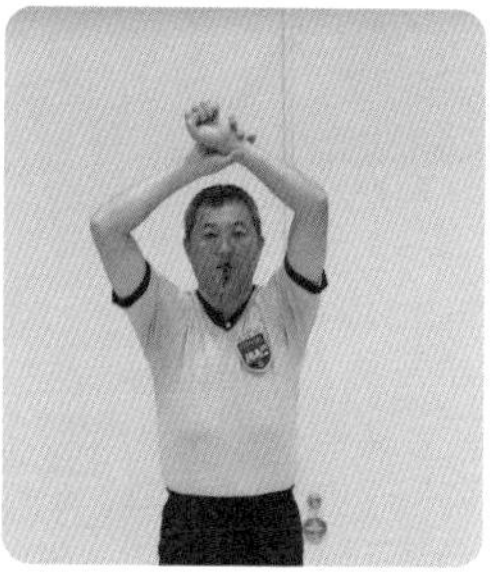

頭《あたま》の上《うえ》で手首《てくび》を握《にぎ》る

いろいろな
シグナルがあるんだね。
少《すこ》しずつおぼえていこう

イリーガルバウンダリラインクロッシング（プリベンティブシグナル）

境界線《きょうかいせん》と平行《へいこう》に腕《うで》を振《ふ》る（第《だい》4クォーターやオーバータイムの残《のこ》り2分《ふん》を切《き》ったあとのスローインで、スローインをする選手《せんしゅ》の前《まえ》にいる相手選手《あいてせんしゅ》に警告《けいこく》を示《しめ》すシグナル）

ゲームの公式《こうしき》記録《きろく》となる

ここではテーブルオフィシャルズのなかの「スコアラー」の任務《にんむ》である、スコアシートのつけかたを紹介《しょうかい》します。

スコアシートはゲームの公式《こうしき》な記《き》録《ろく》です。チーム、ランニングスコア、各《かく》プレーヤーやコーチに出《だ》されたファウル、認《みと》められたタイムアウトなどが記録《きろく》されます。スコアラーは、ゲームで起《お》きたことを規則《きそく》に従《したが》って明確《めいかく》に記載《きさい》しなければなりません。139ページまで、シートの各《かく》パートの記入例《きにゅうれい》をあげます。

記入《きにゅう》に必要《ひつよう》な道具《どうぐ》

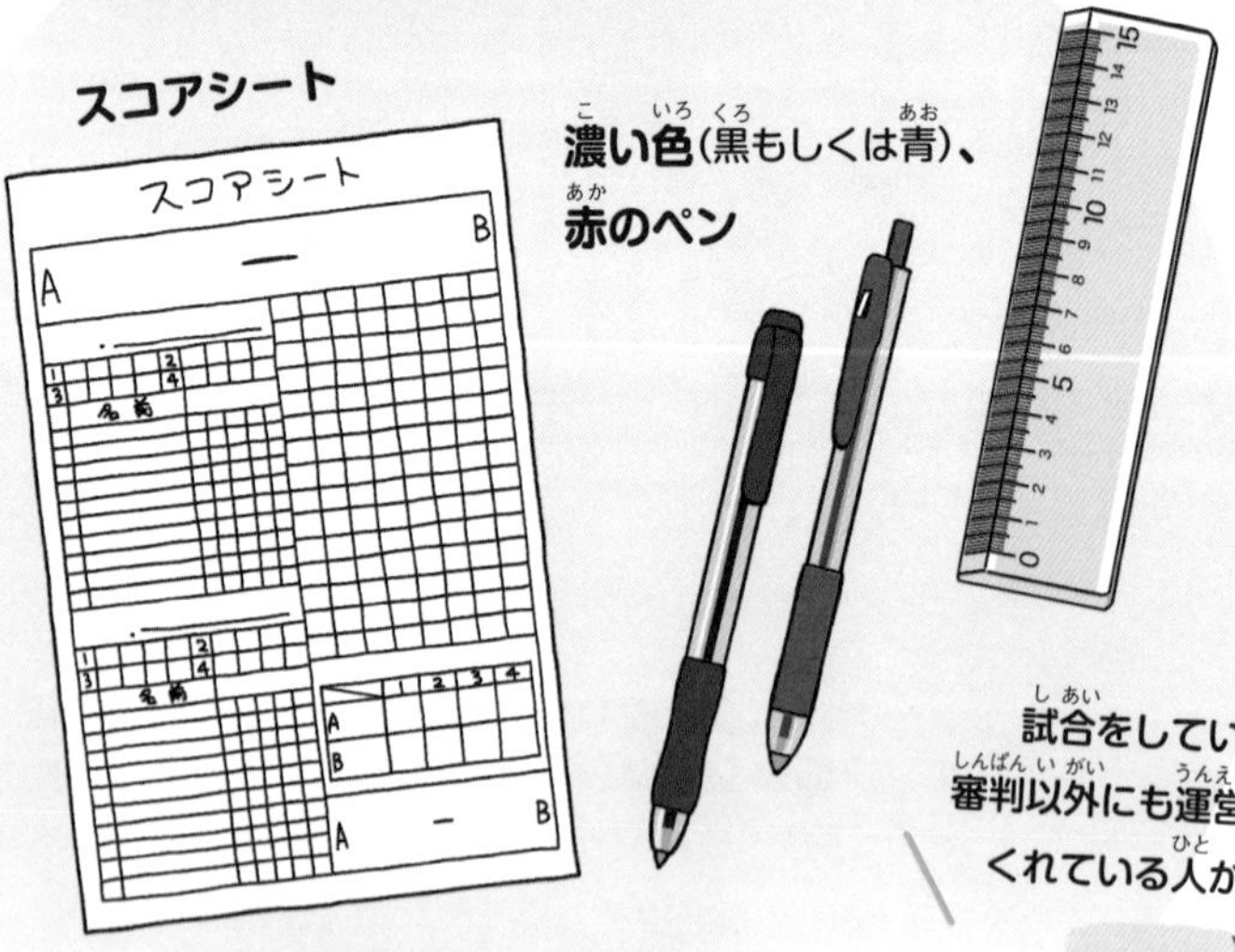
定規《じょうぎ》

試合《しあい》をしているときに、
審判《しんぱん》以外《いがい》にも運営《うんえい》にかかわって
くれている人《ひと》がいるんだね

©Getty Images

スコアラーをはじめ、テーブルオフィシャルズがゲームの運営《うんえい》をサポートする

スコアシートの記入例《きにゅうれい》

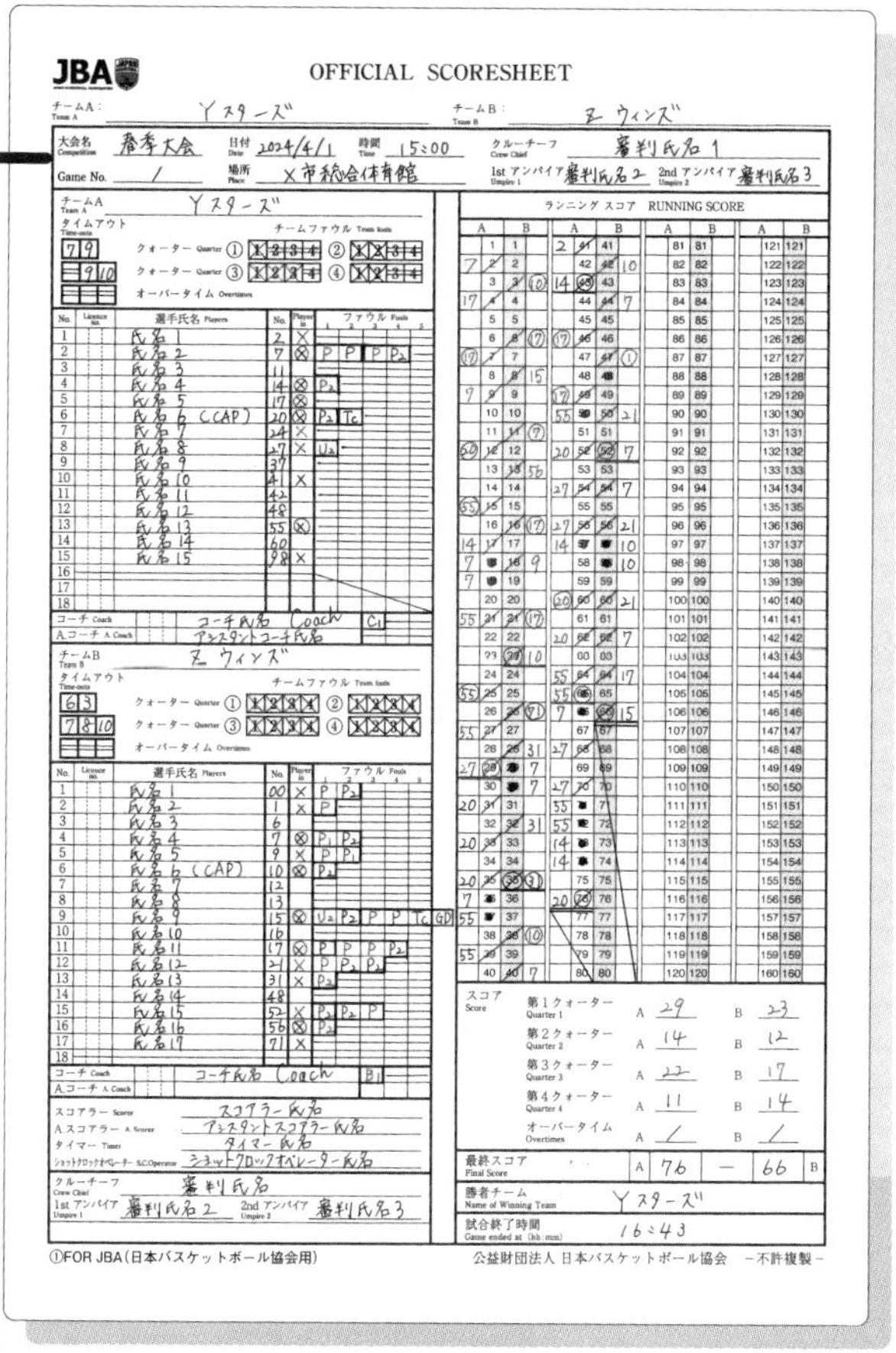

日本《にほん》バスケットボール協会《きょうかい》オフィシャルスコアシートをサンプルとして使用《しよう》
（記入例《きにゅうれい》は東京都《とうきょうと》バスケットボール協会《きょうかい》TO《ティーオー》委員会《いいんかい》資料《しりょう》より引用《いんよう》）

1 シート上部《じょうぶ》の記入例《きにゅうれい》

対戦《たいせん》するチーム名《めい》、大会名《たいかいめい》、ゲームナンバー、日付《ひづけ》、場所《ばしょ》、開始時刻《かいしじこく》（24時間制《じかんせい》）、チーム名《めい》、クルーチーフとアンパイアの氏名《しめい》をゲーム前《まえ》に記入《きにゅう》しておく

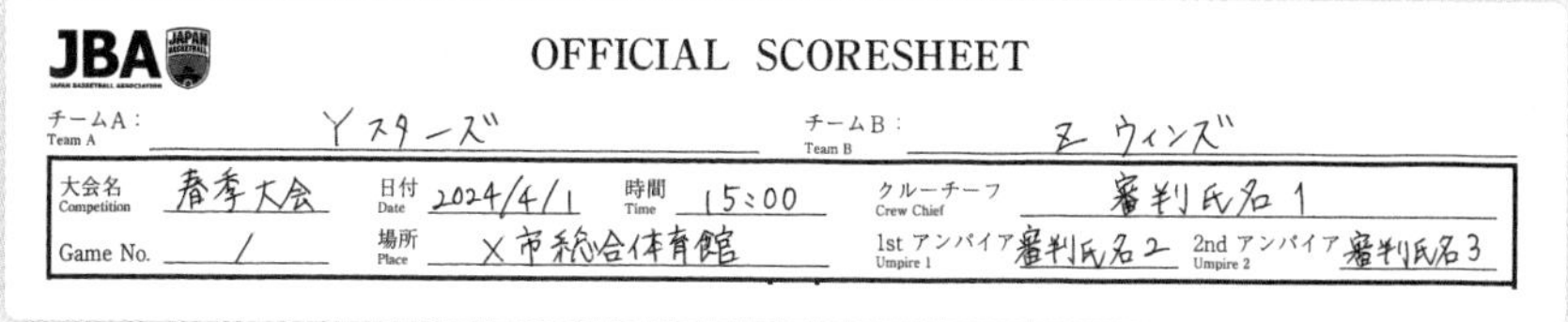

2 ▶ チーム欄《らん》の記入例《きにゅうれい》

①

A：両《りょう》チームの選手氏名《せんしゅしめい》、ユニフォームの番号《ばんごう》、コーチ氏名《しめい》、アシスタントコーチ氏名《しめい》を記入《きにゅう》する

B：キャプテンは、氏名《しめい》の横《よこ》に（CAP）と記入《きにゅう》する

②

C：先発《せんぱつ》で出場《しゅつじょう》する5人《にん》にコーチが「×」を記入《きにゅう》。もしキャプテンが交代要員《こうたいよういん》の場合《ばあい》は、ゲームキャプテンを確認《かくにん》する

③

A～**C**の内容《ないよう》について、試合前《しあいまえ》に両《りょう》チームのコーチに確認《かくにん》をとり、氏名《しめい》の横《よこ》にサインしてもらう

④

ゲーム開始時《かいしじ》に先発《せんぱつ》で出場《しゅつじょう》する5人《にん》の「×」を、赤《あか》の「○」で囲《かこ》む。交代要員《こうたいよういん》は出場《しゅつじょう》したクォーターの色《いろ》*で「×」を記入《きにゅう》

⑤

ライセンスナンバー（日本《にほん》バスケットボール協会《きょうかい》に登録《とうろく》している番号《ばんごう》）の記入《きにゅう》は大会主催者《たいかいしゅさいしゃ》の考《かんが》えに従《したが》う

⑥

プレーヤーが18人未満《にんみまん》の場合《ばあい》は、最後《さいご》に記載《きさい》されたプレーヤーの下《した》の行《ぎょう》の空白《くうはく》に線《せん》を引《ひ》く。プレーヤーが17人未満《にんみまん》の場合《ばあい》は、ファウルの欄《らん》に達《たっ》するところまでは水平《すいへい》の横線《よこせん》を引《ひ》き、そこから斜《なな》めに下《した》まで斜線《しゃせん》を引《ひ》く

＊第《だい》1クォーターと第《だい》3クォーターは赤色《あかいろ》ペンを使用《しよう》し、第《だい》2クォーターと第《だい》4クォーターは濃色《のうしょく》（黒《くろ》または青《あお》）ペンを使用《しよう》する

チーム欄《らん》

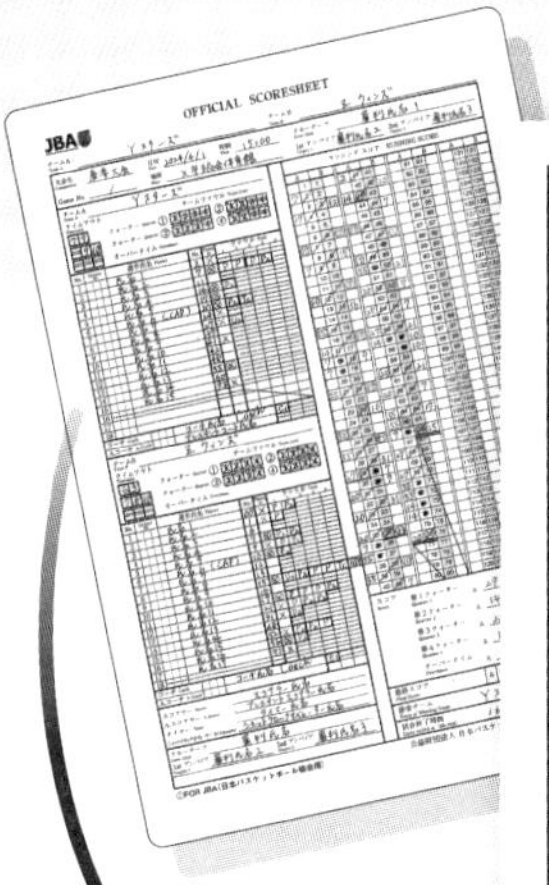

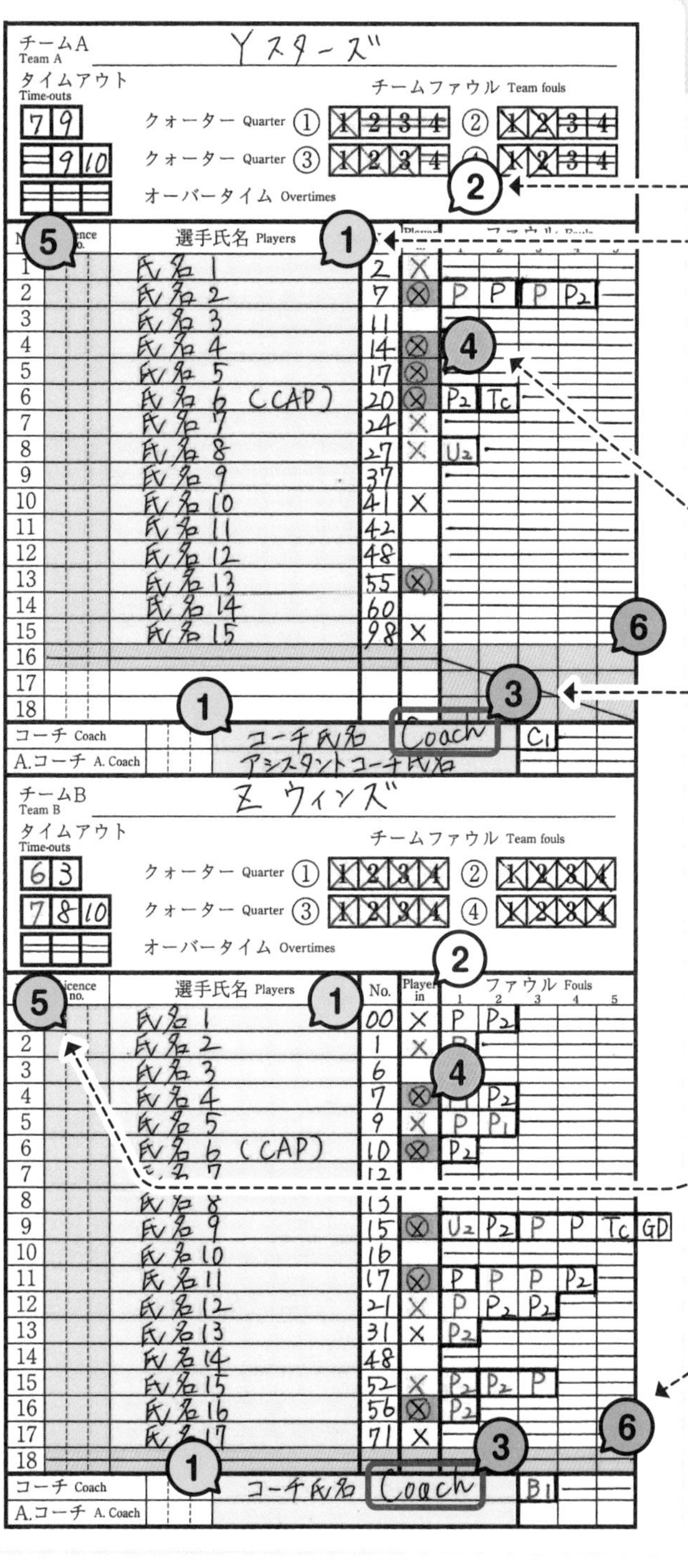

「氏名《しめい》」には
それぞれの選手《せんしゅ》の
名前《なまえ》が入《はい》るよ

3 タイムアウトとチームファウルの記入例《きにゅうれい》

① タイムアウト

- タイムアウトは上段《じょうだん》の「クォーター」が第《だい》1・2クォーター（2回《かい》）、中段《ちゅうだん》の「クォーター」が第《だい》3・4クォーター（3回《かい》）、下段《げだん》の「オーバータイム」が延長戦《えんちょうせん》でのタイムアウトを示《しめ》している。タイムアウトを取《と》った各《かく》クォーターの経過時間《けいかじかん》（分《ふん》）を記入《きにゅう》する（例《れい》：高校生以上《こうこうせいいじょう》の場合《ばあい》、第《だい》2クォーター残《のこ》り3分《ぷん》07秒《びょう》のタイムアウトは「7」と記入《きにゅう》）
- 第《だい》4クォーターの残《のこ》り2分《ふん》00秒《びょう》を表示《ひょうじ》するまでに1回《かい》もタイムアウトを取《と》らなかった場合《ばあい》、左《ひだり》の枠《わく》に二重線《にじゅうせん》を入《い》れる

② チームファウル

チームファウルは回数《かいすう》に応《おう》じて数字順《すうじじゅん》に×をつける。コーチのテクニカルファウルはチームファウルには数《かぞ》えない。使用《しよう》しなかったチームファウルの欄《らん》には二重線《にじゅうせん》を引《ひ》く

132ページで紹介《しょうかい》したように、
チームファウルの欄《らん》も
第《だい》1・3クォーターのものは赤《あか》、
第《だい》2・4クォーターのものは濃色《のうしょく》(黒《くろ》か青《あお》)で
記入《きにゅう》するよ

チーム欄《らん》

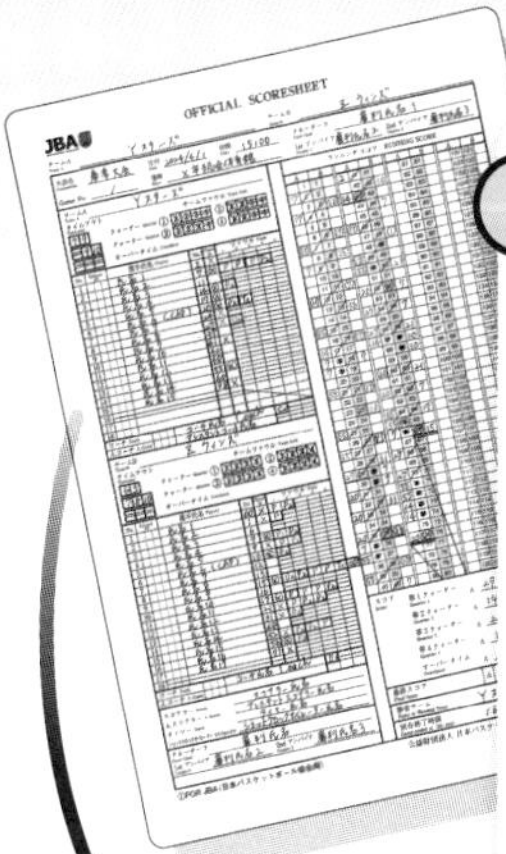

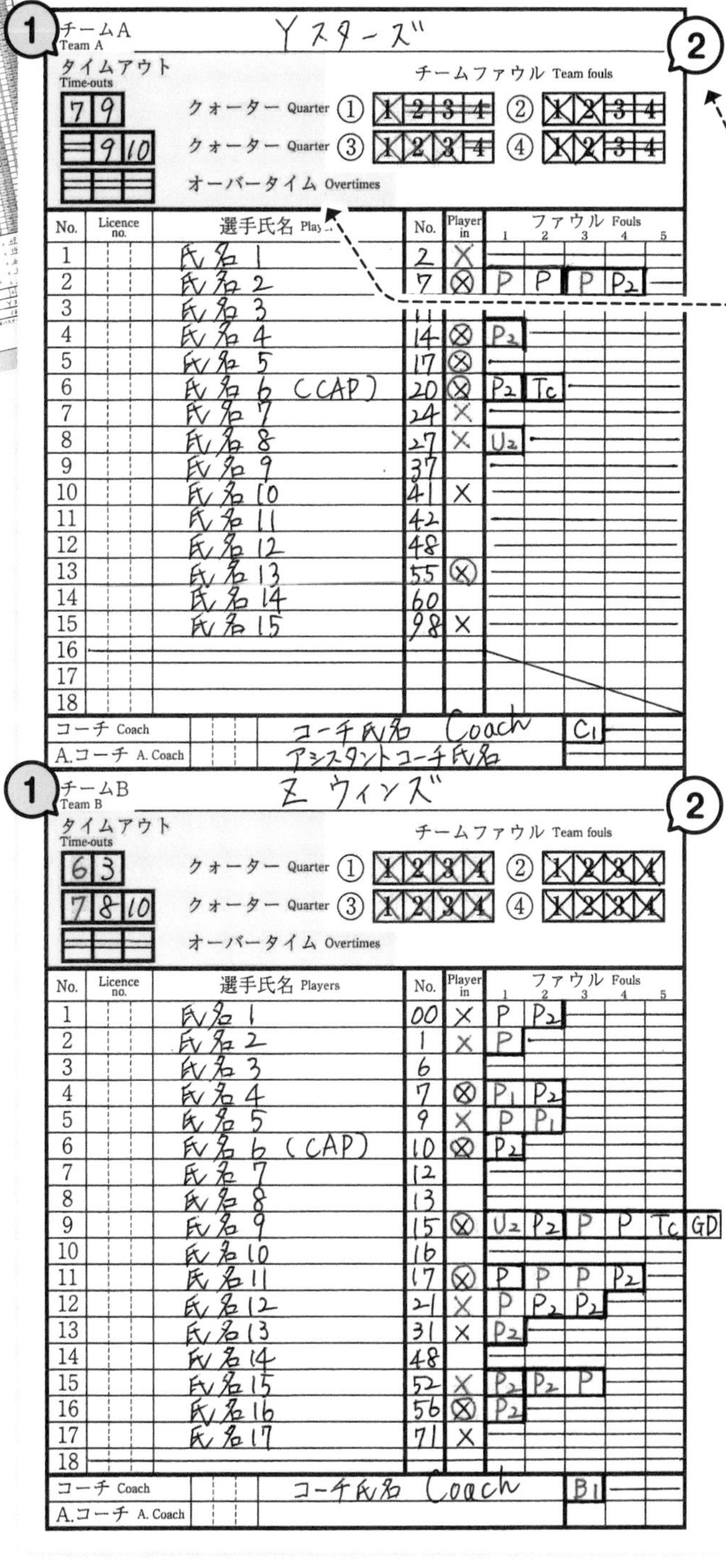

① チームA Team A Yスターズ

② チームファウル Team fouls

タイムアウト Time-outs

7	9	
—	9	10

クォーター Quarter ① 1 2 3 4 ② 1 2 3 4
クォーター Quarter ③ 1 2 3 4 ④ 1 2 3 4
オーバータイム Overtimes

No.	Licence no.	選手氏名 Players	No.	Player in	ファウル Fouls 1	2	3	4	5
1		氏名1	2	X					
2		氏名2	7	⊗	P	P	P	P2	
3		氏名3	11						
4		氏名4	14	⊗	P2				
5		氏名5	17	⊗					
6		氏名6 (CAP)	20	⊗	P2	Tc			
7		氏名7	24	X					
8		氏名8	27	X	U2				
9		氏名9	37						
10		氏名10	41	X					
11		氏名11	42						
12		氏名12	48						
13		氏名13	55	⊗					
14		氏名14	60						
15		氏名15	98	X					
16									
17									
18									
コーチ Coach		コーチ氏名 Coach			C1				
A.コーチ A. Coach		アシスタントコーチ氏名							

① チームB Team B Zウィンズ

② チームファウル Team fouls

タイムアウト Time-outs

6	3	
7	8	10

クォーター Quarter ① 1 2 3 4 ② 1 2 3 4
クォーター Quarter ③ 1 2 3 4 ④ 1 2 3 4
オーバータイム Overtimes

No.	Licence no.	選手氏名 Players	No.	Player in	ファウル Fouls 1	2	3	4	5	
1		氏名1	00	X	P	P2				
2		氏名2	1	X	P					
3		氏名3	6							
4		氏名4	7	⊗	P1	P2				
5		氏名5	9	X	P	P1				
6		氏名6 (CAP)	10	⊗	P2					
7		氏名7	12							
8		氏名8	13							
9		氏名9	15	⊗	U2	P2	P	P	Tc	GD
10		氏名10	16							
11		氏名11	17	⊗	P	P	P	P2		
12		氏名12	21	X	P	P2	P2			
13		氏名13	31	X	P2					
14		氏名14	48							
15		氏名15	52	X	P2	P2	P			
16		氏名16	56	⊗	P2					
17		氏名17	71	X						
18										
コーチ Coach		コーチ氏名 Coach			B1					
A.コーチ A. Coach										

4 ファウルの記入例《きにゅうれい》

①

●プレーヤーのファウルは、

パーソナルファウル…P

テクニカルファウル…T

アンスポーツマンライクファウル…U

と記入《きにゅう》し、アルファベットの右《みぎ》にフリースローの試投数《しとうすう》を記入《きにゅう》。罰則《ばっそく》が相殺《そうさい》されてフリースローがなくなったときは、数字《すうじ》の代《か》わりに小《ちい》さくCと記入《きにゅう》する。なお、ディスクォリファイングファウルは「D」、ファイティングは「F」と記入《きにゅう》する

●前半《ぜんはん》とゲーム終了後《しゅうりょうご》にファウルの枠《わく》を囲《かこ》み、使用《しよう》しなかった場合《ばあい》は線《せん》を１本《ぽん》引《ひ》く

②

プレーヤーのファウルはUが２個《こ》、またはTが２個《こ》、もしくはUとTが１個《こ》ずつで失格《しっかく》、退場《たいじょう》となる。この場合《ばあい》、右《みぎ》に「GD」と書《か》く

③

●コーチのテクニカルファウルは、

コーチ自身《じしん》のテクニカルファウル…C

ベンチにいる者《もの》のテクニカルファウル…B

と記入《きにゅう》する。いずれもチームファウルには数《かぞ》えない

第《だい》1・３クォーターは赤《あか》、第《だい》２・4クォーターは濃色《のうしょく》（黒《くろ》か青《あお》）で記入《きにゅう》

チーム欄《らん》

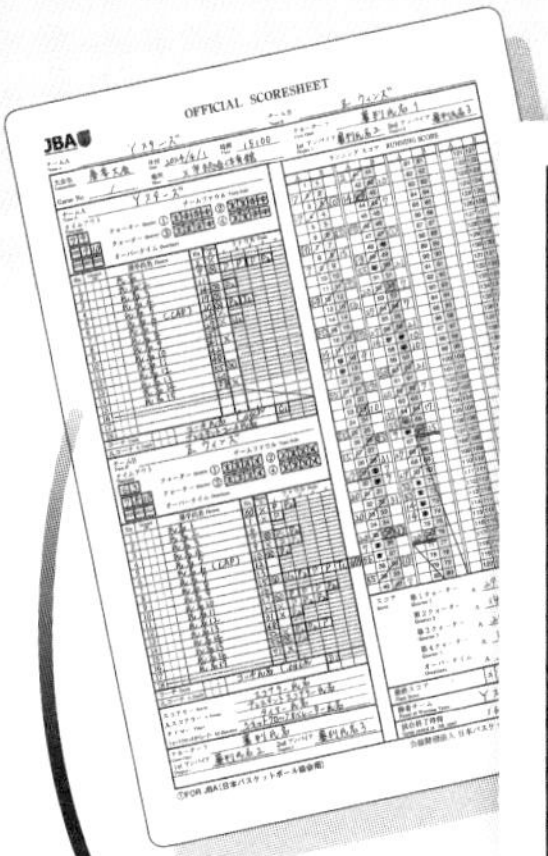

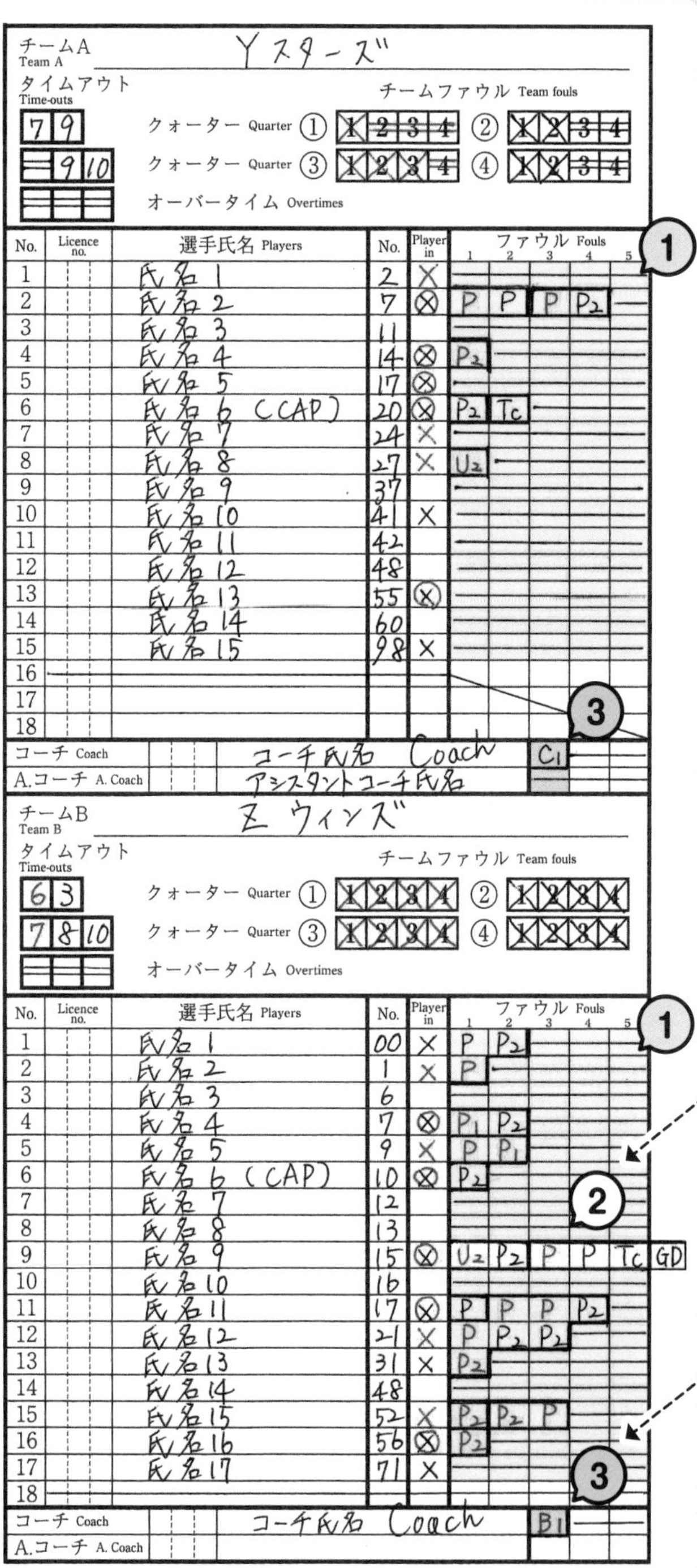

チームA Team A　Yスターズ

タイムアウト Time-outs：7 9 / – 9 10

チームファウル Team fouls
クォーター Quarter ① 1 2 3 4　② 1 2 3 4
クォーター Quarter ③ 1 2 3 4　④ 1 2 3 4
オーバータイム Overtimes

No.	Licence no.	選手氏名 Players	No.	Player in	ファウル Fouls 1	2	3	4	5
1		氏名1	2	×					
2		氏名2	7	⊗	P	P	P	P_2	
3		氏名3	11						
4		氏名4	14	⊗	P_2				
5		氏名5	17	⊗					
6		氏名6 (CAP)	20	⊗	P_2	Tc			
7		氏名7	24	×					
8		氏名8	27	×	U_2				
9		氏名9	37						
10		氏名10	41	×					
11		氏名11	42						
12		氏名12	48						
13		氏名13	55	⊗					
14		氏名14	60						
15		氏名15	98	×					
16									
17									
18									
コーチ Coach		コーチ氏名 Coach			C_1				
A.コーチ A. Coach		アシスタントコーチ氏名							

チームB Team B　Zウィンズ

タイムアウト Time-outs：6 3 / 7 8 10

チームファウル Team fouls
クォーター Quarter ① 1 2 3 4　② 1 2 3 4
クォーター Quarter ③ 1 2 3 4　④ 1 2 3 4
オーバータイム Overtimes

No.	Licence no.	選手氏名 Players	No.	Player in	ファウル Fouls 1	2	3	4	5	
1		氏名1	00	×	P	P_2				
2		氏名2	1	×	P					
3		氏名3	6							
4		氏名4	7	⊗	P_1	P_2				
5		氏名5	9	×	P	P_1				
6		氏名6 (CAP)	10	⊗	P_2					
7		氏名7	12							
8		氏名8	13							
9		氏名9	15	⊗	U_2	P_2	P	P	Tc	GD
10		氏名10	16							
11		氏名11	17	⊗	P	P	P	P_2		
12		氏名12	21	×	P	P_2	P_2			
13		氏名13	31	×	P_2					
14		氏名14	48							
15		氏名15	52	×	P_2	P_2	P			
16		氏名16	56	⊗	P_2					
17		氏名17	71	×						
18										
コーチ Coach		コーチ氏名 Coach			B_1					
A.コーチ A. Coach										

ファウルの種類《しゅるい》によって記入《きにゅう》するアルファベットが変《か》わるんだね

5 ▶ スコアの記入例《きにゅうれい》

① ランニングスコア

● ランニングスコアとは、そのときどきの両《りょう》チームの合計得点《ごうけいとくてん》のこと。フィールドゴールが成功《せいこう》したときは得点《とくてん》（数字部分《すうじぶぶん》）に斜線《しゃせん》、フリースローが成功《せいこう》したときは●で塗《ぬ》りつぶす。得点《とくてん》の欄《らん》の隣《となり》に得点《とくてん》したプレーヤーの番号《ばんごう》を記入《きにゅう》。スリーポイントの場合《ばあい》は、プレーヤーの番号《ばんごう》に○をつける。

● クォーターの終《お》わりは、各《かく》チームの最後《さいご》の得点《とくてん》を○で囲《かこ》み、得点《とくてん》と選手《せんしゅ》の番号《ばんごう》の下《した》に線《せん》を引《ひ》く

● ゲーム終了後《しゅうりょうご》は得点《とくてん》の下《した》に二重線《にじゅうせん》と、残《のこ》った欄《らん》の左上《ひだりうえ》から右下《みぎした》に向《む》かって斜線《しゃせん》を引《ひ》く

● 得点欄《とくてんらん》は 160 点《てん》までが記入《きにゅう》されているが、足《た》りなくなったら２枚目《まいめ》を使用《しよう》する

② スコア

各《かく》クォーターの両《りょう》チームの得点《とくてん》を記入《きにゅう》（ここでも第《だい》１・３クォーターは赤《あか》、第《だい》２・４クォーターは濃色《のうしょく》）。オーバータイムが複数《ふくすう》あった場合《ばあい》は、それぞれの得点《とくてん》を合計《ごうけい》して記入《きにゅう》

③

両《りょう》チームの総得点《そうとくてん》、勝者《しょうしゃ》チーム、ゲーム終了時刻《しゅうりょうじこく》を記入《きにゅう》

POINT

最後《さいご》は主審《しゅしん》がサインする

最終《さいしゅう》の手続《てつづ》きとして、シートの左下《ひだりした》の欄《らん》にテーブルオフィシャルズ、副審《ふくしん》、主審《しゅしん》の順《じゅん》にサインをする

スコア欄《らん》

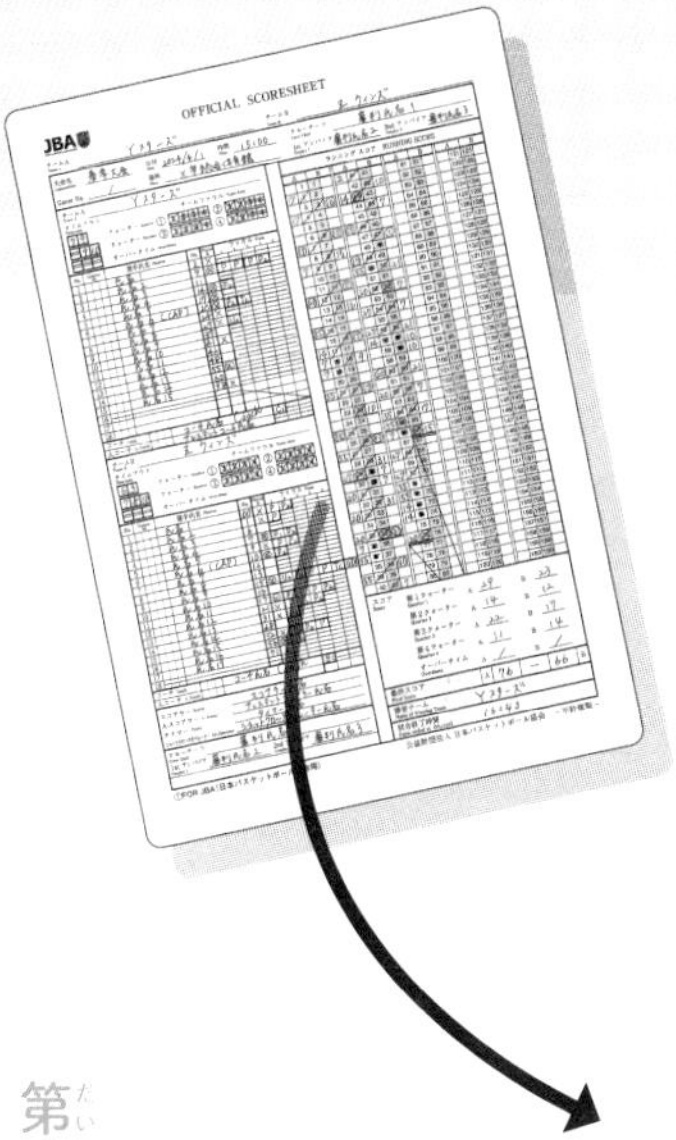

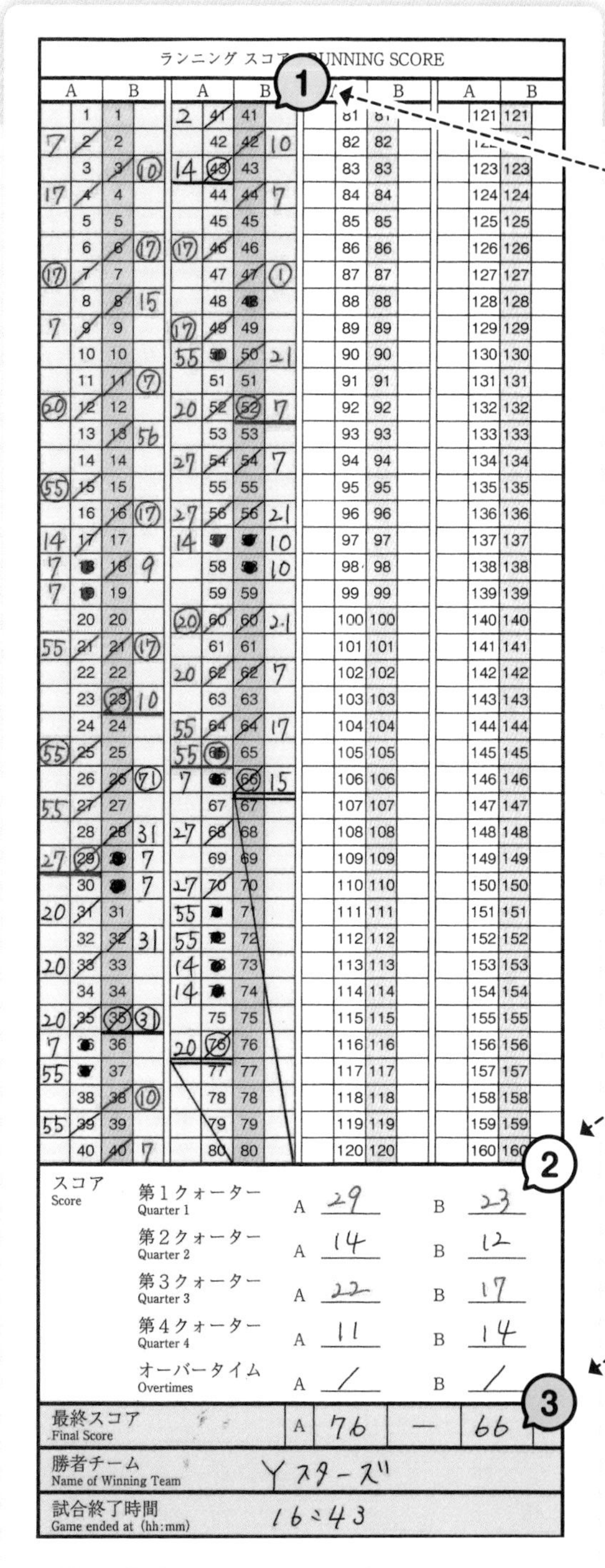

ランニングスコア RUNNING SCORE

A	A	B	B	A	A	B	B	A	A	B	B	A	A	B	B
	1	1		2	41	41			81	81			121	121	
7	2	2			42	42	10		82	82			122	122	
	3	3	10	14	43	43			83	83			123	123	
17	4	4			44	44	7		84	84			124	124	
	5	5			45	45			85	85			125	125	
	6	6	17	17	46	46			86	86			126	126	
17	7	7			47	47	1		87	87			127	127	
	8	8	15		48	48			88	88			128	128	
7	9	9		17	49	49			89	89			129	129	
	10	10		55	50	50	21		90	90			130	130	
	11	11	7		51	51			91	91			131	131	
20	12	12		20	52	52	7		92	92			132	132	
	13	13	56		53	53			93	93			133	133	
	14	14		27	54	54	7		94	94			134	134	
55	15	15			55	55			95	95			135	135	
	16	16	17	27	56	56	21		96	96			136	136	
14	17	17		14	57	57	10		97	97			137	137	
7	18	18	9		58	58	10		98	98			138	138	
7	19	19			59	59			99	99			139	139	
	20	20		20	60	60	21		100	100			140	140	
55	21	21	17		61	61			101	101			141	141	
	22	22		20	62	62	7		102	102			142	142	
	23	23	10		63	63			103	103			143	143	
	24	24		55	64	64	17		104	104			144	144	
55	25	25		55	65	65			105	105			145	145	
	26	26	71	7	66	66	15		106	106			146	146	
55	27	27			67	67			107	107			147	147	
	28	28	31	27	68	68			108	108			148	148	
27	29	29	7		69	69			109	109			149	149	
	30	30	7	27	70	70			110	110			150	150	
20	31	31		55	71	71			111	111			151	151	
	32	32	31	55	72	72			112	112			152	152	
20	33	33		14	73	73			113	113			153	153	
	34	34		14	74	74			114	114			154	154	
20	35	35	31		75	75			115	115			155	155	
7	36	36		20	76	76			116	116			156	156	
55	37	37			77	77			117	117			157	157	
	38	38	10		78	78			118	118			158	158	
55	39	39			79	79			119	119			159	159	
	40	40	7		80	80			120	120			160	160	

スコア Score		A	B
	第1クォーター Quarter 1	29	23
	第2クォーター Quarter 2	14	12
	第3クォーター Quarter 3	22	17
	第4クォーター Quarter 4	11	14
	オーバータイム Overtimes	/	/

最終スコア Final Score　A 76 — 66

勝者チーム Name of Winning Team　Yスターズ

試合終了時間 Game ended at (hh:mm)　16:43

ランニングスコアの
記入《きにゅう》は決《き》まりが
たくさんあるんだね

さくいん

数字《すうじ》はおもな記載《きさい》ページ

著者《ちょしゃ》プロフィール

平原勇次（ひらはら・ゆうじ）

1972年《ねん》4月《がつ》26日《にち》生《う》まれ、東京《とうきょう》都《と》出身《しゅっしん》。12歳《さい》からバスケットボールを始《はじ》め、20歳《さい》のときに指導者《しどうしゃ》を志《こころざ》す。そのときに恩師《おんし》から「審《しん》判《ばん》として競技《きょうぎ》を見《み》ることも必要《ひつよう》」と言《い》われたことがきっかけで、審《しん》判員《ばんいん》の資格取得《しかくしゅとく》もめざすようになる。25歳《さい》（97年《ねん》）で日本《にほん》バスケットボール協会《きょうかい》（JBA《ジェイビーエー》）の現在《げんざい》のB級審判員《きゅうしんぱんいん》にあたる資格《しかく》を取得《しゅとく》。2004年《ねん》に国際《こくさい》バスケットボール連盟審判員《れんめいしんぱんいん》、JBA《ジェイビーエー》のS級審判員《きゅうしんぱんいん》となり、数多《かずおお》くの国内外《こくないがい》の大会《たいかい》で審判《しんぱん》を務《つと》める。都立高校教諭《とりつこうこうきょうゆ》として、現在《げんざい》は城東高校《じょうとうこうこう》バスケットボール部《ぶ》のコーチも務《つと》める。

●審判《しんぱん》を務《つと》めたおもな国際大会《こくさいたいかい》…2006年《ねん》世界選手権《せかいせんしゅけん》（日本《にほん》）、07年《ねん》U19世界選手権《せかいせんしゅけん》（セルビア）、08年《ねん》北京五輪《ぺきんごりん》（女子決勝担当《じょしけっしょうたんとう》）、10年《ねん》世界選手権《せかいせんしゅけん》（トルコ）、14年《ねん》世界選手権《せかいせんしゅけん》（スペイン）、18年《ねん》U17女子世界選手権《じょしせかいせんしゅけん》（ベラルーシ）など

撮影協力《さつえいきょうりょく》

谷古宇《やこう》 孝《たかし》

日本《にほん》バスケットボール協会《きょうかい》
S級公認審判員《きゅうこうにんしんぱんいん》

撮影協力《さつえいきょうりょく》

畔上《あぜがみ》愛怜《あれん》

日本《にほん》バスケットボール協会《きょうかい》
A級公認審判員《きゅうこうにんしんぱんいん》

撮影協力《さつえいきょうりょく》（選手《せんしゅ》）

- **東京都立城東高校《とうきょうとりつじょうとうこうこう》バスケットボール部《ぶ》（写真《しゃしん》）**
- **エルトラックセンターバスケスクール**

参考文献

- 2023バスケットボール競技規則（公益財団法人日本バスケットボール協会）
- TOマニュアルハンドブック〔2023年度版〕（公益財団法人日本バスケットボール協会TO委員会）
- 間違いやすいジャッジがひと目でわかる！ バスケットボールのルールとスコアのつけ方〔第3版〕（平原勇次著、マイナビ出版）

おぼえようバスケットボールのルール

2024年３月29日　第１版第１刷発行

著　　者　平原《ひらはら》 勇次《ゆうじ》
発 行 人　池田 哲雄
発 行 所　株式会社ベースボール・マガジン社
〒103-8482 東京都中央区日本橋浜町 2-61-9 TIE 浜町ビル
電　　話　03-5643-3930（販売部）
03-5643-3885（出版部）
振替口座　00180-6-46620
https://www.bbm-japan.com/

印刷・製本　広研印刷株式会社

ISBN 978-4-583-11648-8　C2075